# Inhaltsverzeichnis


2 Vorwort
3 Kindheit und Jugend
3 • Hitler ergreift die Macht in Deutschland
4 • Rassenpolitik
6 • Die nationalsozialistische Weltanschauung
7 • Schule und Nationalsozialismus
8 • Nationalsozialistische Erziehung
11 Familie
11 • Ich erinnere mich …
14 • Naziterror
17 Judenverfolgung
17 • Judenboykott
18 • Nürnberger Gesetze
19 • Pogromnacht
22 • Schwierige Freundschaft
23 • Angesteckt
24 Reichsarbeitsdienst
24 • RAD: Arbeitsbeschaffung und Kriegsvorbereitung
25 • Zum Reichsarbeitsdienst nach Teterow
26 NS-Terrorsystem: Konzentrationslager
29 Die Täter: Psychologie der SS
31 Euthanasie
31 • Vernichtung „unwerten Lebens"
32 • Euthanasieprogramm
33 • Mörder im Ärztekittel
34 Rechtsprechung: „Furchtbare" Justiz im Unrechtssystem
35 Im Kriege
35 • Gräueltaten
38 • Im Bunker
39 • Bombenangriffe
41 Widerstand: Edelweißpiraten
46 Widerstand heute: Projekt „Zivilcourage"
47 Fragen und Antworten

# Vorwort

Liebe Kolleginnen und Kollegen!

Das Thema „Drittes Reich", in der Sekundarstufe I meist in der 10. Klasse angesiedelt, wird von den Schülerinnen und Schülern interessiert aufgenommen. In der Regel steht bei diesem Thema die Beschäftigung mit der „großen Politik" im Vordergrund. Das Anliegen dieser Reihe ist – wie bei den anderen Heften auch – das Leben und den Alltag der „normalen" Menschen unter die Lupe zu nehmen.
Ein Problem bei der Behandlung eines so komplexen Themenbereichs wie dem Dritten Reich stellt immer die Stofffülle dar. Dies gilt auch für eine thematische Beschränkung auf den Alltagsaspekt. Daher musste – wie so oft bei der Beschäftigung mit geschichtlichen Themen notwendig – ein beinahe schon rigoroses exemplarisches Prinzip angewandt werden. Dass dabei die von mir vorgenommene Schwerpunktsetzung zwar nicht willkürlich, aber durchaus austauschbar wäre, ist mir klar. Bei der Auswahl der thematischen Schwerpunkte habe ich unter anderem darauf geachtet, teilweise vernachlässigte Bereiche stärker in das Bewusstsein zu rücken. Hierzu gehören die Euthanasie ebenso wie die Beschäftigung mit dem Widerstand der Edelweißpiraten als auch die Gräueltaten im Krieg, die von der Wehrmacht verantwortet werden müssen. Selbstverständlich dürfen Themen wie die Judenverfolgung oder die nationalsozialistische Erziehung in einem solchen Heft nicht fehlen.

Bei dem vorliegenden Heft innerhalb der „Leben und Alltag" – Reihe gibt es drei Besonderheiten:

1. Bei den meisten Materialien handelt es sich um Lesetexte, bei denen ein Ereignis oder bestimmte Verhältnisse in erzählender Form dargestellt werden. Dabei sind diese Texte meist Originalzitate von Zeitzeugen. Hierdurch erhöht sich die Authentizität der Darstellungen und bei den Schülerinnen und Schülern wird eher „Betroffenheit" und eine Identifikation mit den Protagonisten erzielt. Die Texte sind bewusst so ausgewählt, dass unterschiedliche Sprach- und Verständnisniveaus und daher verschiedene Klassenstufen angesprochen werden.
   Im Gegensatz zu den meisten anderen „Leben- und Alltag" – Heften stehen hier nicht handlungsorientierte Aufgaben im Mittelpunkt, sondern die Vermittlung von Wissen, Erkenntnissen und Einstellungen soll über die Auseinandersetzung mit verständlichen Quellentexten erfolgen.
2. Die Aufgaben zielen neben Verständnisfragen zu den Texten auf die Interpretation der Darstellungen sowie schwerpunktmäßig auf eine Weiterarbeit auf Grund der angerissenen Thematik. Und hierbei wird dem eigenen Forschen (vor allem in der Heimatgemeinde) Priorität eingeräumt. Methoden der „oral history" sollen hier im Vordergrund stehen. Dadurch wird der meist vernachlässigte „heimatgeschichtliche" Aspekt ebenso berücksichtigt wie die Einübung von empirischen Untersuchungsmethoden gefördert.
3. Und schließlich bin ich bei diesem Heft von einer weiteren Regel der „Leben und Alltag" – Reihe abgewichen. Es enthält kein Lernspiel. Aufgrund des oft erschütternden Inhalts und auch der besonderen Art und Weise der Darstellung (Schwerpunkt: erzählende Darstellungen) hielt ich eine solche Form der Beschäftigung mit dem Thema nicht für angemessen. Daher habe ich lediglich einige „Test"-Fragen angefügt.

An dieser Stelle möchte ich mich besonders bei meiner Mutter bedanken, die mir neben zahlreichen Fotos auch ihre privaten Aufzeichnungen zur Verfügung gestellt hat. Ebenfalls bedanke ich mich bei meinem Schwiegervater, Herrn Heinrich Dixkes, für die Überlassung seiner Fotos.

Ich wünsche Ihnen und Ihren Schülerinnen und Schülern viel Erfolg bei der Arbeit mit diesem Heft!

Hans-Jürgen van der Gieth

# Hitler ergreift die Macht in Deutschland

**Stichwort: Drittes Reich**
Allgemeine Bezeichnung für die Zeit der Herrschaft des Nationalsozialismus von 1933–1945. Es war das dritte Reich nach dem Heiligen Römischen Reich und dem Bismarck-Reich. Dabei sollte es aus dem „Geist der Rassenlehre“ entstehen.

„Er hatte die Macht ergriffen. Das Wort 'Machtergreifung' blieb einer der stehenden Ausdrücke im Dritten Reich. Viele Reden Hitlers begannen hinfort mit der Einleitung: 'Seit der Machtergreifung …'. Er sah sich als eine geradezu übermenschliche Persönlichkeit, und stellte sich dem Volk als gottgesandt vor. Die Propaganda nützte diesen Nimbus[1] weidlich aus. Worte wie: 'Der von Gott gesandte Adolf Hitler, dessen Minister seine Apostel sind', waren keine Seltenheit. Hitlers größte Stärke war seine rhetorische[2] Begabung. Schon früh hatte er in den Kneipen und Biersälen von München sein Redetalent geübt, das buchstäblich die Basis seiner politischen Karriere bildete. Sein 'heiliger Ernst', seine volksverführenden, volkstümlichen Worte, verbunden mit sarkastischem[3] Spott und dem feierlichen Gehabe eines politischen Missionars verschafftem ihm eine ungeheure Breitenwirkung. Er sprach aus, was seine Zuhörer insgeheim dachten, er wußte ihre Vorurteile und Sehnsüchte zu bekräftigen, und entließ sie in dem Glauben, einer neuen Wahrheit teilhaftig geworden zu sein.
Am 30. Januar 1933, nachdem Hitler vom Reichspräsidenten von Hindenburg zum Reichskanzler ernannt worden war, marschierten die braunen Marschkolonnen der SA mit Fackeln durch die nächtlichen Straßen. Sie sangen ihre Siegeslieder, aber auch ihre Marsch- und Haßlieder. Viele Menschen stellten Teekerzen in die Fenster, die damals Hindenburglichter hießen.

Wie stark die SA-Gruppe in unserer Stadt war, weiß ich nicht genau. Aber daß mein SA-Onkel am Abend ebenfalls mit seinen Parteifreunden durch unseren Ort zog, daran erinnere ich mich. Ich stand mit den Nachbarjungen am Straßenrand und sah wie mein Onkel, singend und mit einer Fackel in der Hand, vorbeimarschierte. Vielleicht war ich sogar stolz auf meinen Onkel, wer weiß, er trug nicht mehr nur die Armbinde, sondern eine braune Uniform, in der er mir richtig feierlich vorkam.
Was man zu Hause in der Familie dazu sagte, weiß ich nicht, wahrscheinlich war meine Großmutter ebenso stolz wie meine Tante, die eine fanatische Hitler-Anbeterin war. Und mein Onkel sagte später oft stolz zu mir: 'Maxl, jetzt kommt die neue Zeit.' Bis er von meinem Großvater einmal einen Dämpfer bekam: 'Sieh zu, daß du was verdienst und deiner Mutter nicht immer auf der Tasche liegst, auch in deiner neuen Zeit wird gearbeitet und nicht gefaulenzt!'“ (aus: Max von der Grün: Wie war das eigentlich? – Kindheit und Jugend im Dritten Reich –, Darmstadt, 1982, 2. Aufl., S. 44/45)

[1] besonderes Aussehen, Ruf
[2] rednerische
[3] höhnischem

**Aufgaben**

1. Max von der Grün beschreibt den Tag der Machtübernahme Hitlers am 30. Januar 1933. Was beschreibt er? Wie verhält sich ein großer Teil der Bevölkerung?
2. Für Max von der Grün sah Hitler sich als etwas ganz Besonderes. Wie kam dies zum Ausdruck?
3. Wieso war der kleine Junge Max stolz auf seinen Onkel, den er bei dem Fackelzug beobachtete?
4. Auf dem Foto sind viele Menschen abgebildet. Welche Wirkung übten solche Massendemonstrationen auf ihre Teilnehmer aus?

# Rassenpolitik

Zur „Pflege und Entwicklung der besten rassischen Elemente“ plante Hitler die gesamte Erziehungsarbeit nicht in erster Linie auf das Eintrichtern bloßen Wissens einzustellen, sondern auf das Heranzüchten kerngesunder Körper. Erst in zweiter Linie kam die Entwicklung des Charakters, besonders die Förderung der Willens- und Entschlusskraft, verbunden mit der Erziehung zur Verantwortungsfreudigkeit. Erst als Letztes kam die wissenschaftliche Schulung.

**Aufgaben**

1. Welche Gründe hatte Hitler wohl, das „Heranzüchten kerngesunder Körper“ in den Mittelpunkt nationalsozialistischer Erziehung zu stellen?
2. Welche Unterrichtsfächer spielten demnach in der Schule die wichtigste Rolle?
3. Vergleiche die Vorstellungen Hitlers über die Erziehung der Kinder und Jugend mit den heutigen Zielen.

Der Nazi Rosenberg forderte: „Hinzüchtung zu einem rassisch-nordischen Schönheitsideal.“ Danach musste der „Musterarier“ folgendermaßen aussehen: Blond, hochgewachsen, langschädelig, schmalgesichtig mit ausgesprochenem Kinn, schmaler Nase mit hoher Nasenwurzel, weichem, hellem Haar, zurückliegenden hellen Augen, rosig-weißer Hautfarbe.

Der Reichsbauernführer Darré äußerte sich zur „Züchtung“ des nordischen Deutschen, des „Ideals“ der arischen Rasse: „Wie wir unser altes hannöver'sches Pferd aus wenigen reingebliebenen Vater- und Muttertieren wieder herausgezüchtet haben, so werden wir aus dem besten deutschen Blut durch Verdrängungskreuzungen im Laufe der Generationen wieder den reinen Typ des nordischen Deutschen züchten.“

Heinrich Himmler gründete 1936 die so genannten „Lebensborn“-Heime zur Züchtung reinrassiger Arier. In diesen Heimen wurden „rassisch einwandfreie“ Männer und „erbbiologisch wertvolle“ Frauen zusammen geführt, um reinrassigen arischen Nachwuchs zu „züchten“. An die „Lebensborn“-Heime konnte „sich jede unverheiratete Frau, die sich nach einem Kinde sehne, vertrauensvoll wenden.“

**Aufgaben**

1. Beschreibe das „rassisch-nordische Schönheitsideal.
2. Begründe, warum die Idee von der „Züchtung“ eines solchen „Schönheitsideals“ unsinnig und auch unmenschlich ist.

## Was Hitler alles gesagt hat!

1. „Der Stärkere hat zu herrschen und sich nicht mit dem Schwachen zu verschmelzen, um so die eigene Größe zu opfern. Nur der geborene Schwächling kann dies als grausam empfinden, dafür ist er auch nur ein schwacher und beschränkter Mensch."

2. „Alle großen Kulturen der Vergangenheit gingen nur zugrunde, weil die ursprünglich schöpferische Rasse an Blutsvergiftung starb. Immer war die letzte Ursache eines solchen Untergangs das Vergessen, daß alle Kultur vom Menschen abhängt und nicht umgekehrt."

3. „Wer leben will, der kämpfe also, und wer nicht streiten will in dieser Welt des ewigen Ringens, verdient das Leben nicht. Selbst wenn dies hart wäre – es ist nun einmal so!"

4. „Wer die breite Masse gewinnen will, muß den Schlüssel kennen, der das Tor zu ihrem Herzen öffnet. Er heißt nicht Objektivität, also Schwäche, sondern Wille und Kraft. Die Gewinnung der Seele des Volkes kann nur gelingen, wenn man neben der Führung des positiven Kampfes für die eigenen Ziele den Gegner dieser Ziele vernichtet."

5. „Diese Jugend, die lernt ja nichts anderes als deutsch denken, deutsch handeln. Sie kommt vom Jungvolk in die Hitler-Jugend, und dort behalten wir sie wieder vier Jahre, und dann geben wir sie erst recht nicht zurück in die Hände unserer alten Klassen- und Standeserzeuger, sondern dann nehmen wir sie sofort in die Partei oder in die Arbeitsfront, in die SA oder in die SS, in das NSKK und so weiter. Und wenn sie dort ... noch nicht ganz Nationalsozialisten geworden sein sollten, dann kommen sie in den Arbeitsdienst und werden dort wieder sechs und sieben Monate geschliffen, alle mit einem Symbol, dem deutschen Spaten. Und was dann nach sechs oder sieben Monaten noch an Klassenbewußtsein oder Standesdünkel da oder da noch vorhanden sein sollte, das übernimmt die Wehrmacht. Dann nehmen wir sie, damit sie auf keinen Fall rückfällig werden, sofort wieder in SA, SS und so weiter. Und sie werden nicht mehr frei, ihr ganzes Leben." (Rede in Reichenberg am 2. 12. 1938. In: Völkischer Beobachter v. 4. 12. 1938)

**Aufgaben**

1. Fasse kurz mit eigenen Worten die Aussagen Hitlers (Texte 1–4) zusammen.
2. Formuliere zu jedem Zitat eine Gegenaussage.
3. Wie stellte Hitler es sich vor Kinder und Jugendliche zu Nationalsozialisten zu erziehen?
4. In seiner Rede vom 2. 12. 1938 (Text 5) sagte Hitler: „... Und sie werden nicht mehr frei, ihr ganzes Leben.". Erkläre diese Aussage. Inwiefern hat sich bewahrheitet, was Hitler damals gesagt hat?
5. Kennst du aktuelle Aussagen bzw. „Sprüche", in denen Ähnliches ausgesagt wird wie in den Zitaten von Hitler? Schreibe sie auf und bespreche sie mit deinem Nachbarn. Vergleiche sie mit den Aussagen Hitlers.

BVK LA21 • Hans-Jürgen van der Gieth: „Leben und Alltag im ... Dritten Reich"

# Die nationalsozialistische Weltanschauung

Hitlers Erziehungsvorstellungen und seine Jugendpolitik waren Ergebnis seiner Weltanschauung (siehe Kasten!). Bereits in seinem Buch „Mein Kampf", das während seines Gefängnisaufenthaltes 1923 entstand, hatte er diese Ideen entwickelt und auch konkrete Maßnahmen zu ihrer Umsetzung formuliert.

## Die nationalsozialistische Weltanschauung

### Rassenlehre

Kernpunkt der Rassenlehre stellte die Vorstellung dar, dass einzelnen Menschenrassen bestimmte Eigenschaften zugeschrieben wurden. So wurde nach höherwertigen und minderwertigen Rassen unterschieden und eine Rangordnung aufgestellt. Die „arische" (deutschblütige) Rasse nahm dabei den höchsten Rang ein: „Herrenrasse". Die Juden standen am Ende dieser Skala: „Untermenschen". Sie sollten gehorchen und arbeiten oder sogar ausgerottet werden. Auf Grund der Rassenlehre kam es zum Mord an Millionen Juden, Sinti und Roma und anderen Angehörigen fremder Völker.

### Führerprinzip

Zum Führerprinzip gehörte der Grundsatz der unbedingten Führerautorität. Was der Führer befahl, hatten die Untergebenen kritiklos zu tun. „Wer Führer sein will, trägt bei höchster unumschränkter Autorität auch die letzte und schwerste Verantwortung. Wer dazu nicht fähig ist oder für das Ertragen der Folgen seines Tuns zu feige ist, taugt nicht zum Führer." (Hitler)

Der Führerstaat des Deutschen Reiches war von oben nach unten durchorganisiert und durch eine Anzahl von „Unterführern" gegliedert. Bis in die kleinste menschliche Gemeinschaft hinein war der Staat vertreten.

### Lebensraumschaffung

Nach der nationalsozialistischen Weltanschauung konnten Wohlstand und Macht des deutschen Volkes nur gesichert werden, wenn Deutschland in seiner Rohstoff- und Nahrungsmittelversorgung vom Ausland unabhängig sein würde. Ebenfalls müssten für die wachsende deutsche Bevölkerung neue Siedlungsgebiete gewonnen werden, und zwar hauptsächlich im Osten Europas. Zu diesem Zweck, so Hitler, müssten die dort ansässigen Völker vertrieben oder ausgerottet bzw. als Arbeitssklaven ausgebeutet werden. Der deutsche Lebensraum sollte sich dabei bis zum Ural in der Mitte der Sowjetunion ausdehnen. Endziel war die Weltherrschaft.

**Aufgaben**

1. Versuche in einer treffenden und möglichst eindeutigen Zeichnung die wichtigsten Bestandteile der NS-Weltanschauung darzustellen. Benutze hierfür den Kasten oben oder ein besonderes Blatt. Du kannst auch eine Collage fertigen und Fotos verwenden.
2. Informiere dich über den Lebenslauf von Hitler und fertige eine ausführliche Biografie an. Versuche, deine Arbeit mit Fotos, Bildern, Zeichnungen etc. so anschaulich und interessant wie möglich zu gestalten.

## Schule und Nationalsozialismus

In der Schule wurde die Körperertüchtigung vor geistiger Bildung betrieben. Hitler wollte vor allem kriegstaugliche Menschen heranbilden. Sie wurden auf einen Krieg vorbereitet, der ihm die Weltherrschaft bringen sollte. Nach der Körperertüchtigung wurde viel Wert auf die „ideologiedurchtränkten" Fächer gelegt. Dies waren Fächer wie „Deutschkunde" oder „Biologie". Sie sollten das Denken der jungen Menschen im Sinne der nationalsozialistischen Weltanschauung beeinflussen. Die Kinder und Jugendlichen sollten beeinflusst werden, nationalsozialistisch zu denken und zu handeln. Das heißt, Angehörige fremder Rassen wurden abgelehnt, die eigene arische Rasse als besonders wertvoll dargestellt. Menschen, die nicht in das Bild der Nationalsozialisten hineinpassten, so genanntes „unwertes Leben", wurden ebenfalls schlecht gemacht. Hierzu gehörten z. B. Behinderte.

**Eine Aufgabe aus dem Mathematik-Unterricht:**
„Ein Geisteskranker kostet täglich RM 4,–, ein Krüppel RM 5,50, ein Verbrecher RM 3,50. Bei 300 000 Irren: Wieviel Ehestandsdarlehen zu RM 1 000,– könnten – unter Verzicht auf spätere Rückzahlung – von diesem Geld jährlich ausgegeben werden?"

## Umerziehung der Lehrer

Die Erziehung zu neuen Menschen war selbstverständlich in der Nazizeit eine wichtige Aufgabe der Schule. Dabei nahmen die Lehrerinnen und Lehrer eine besondere Stellung ein, da sie es waren, die die Kinder und Jugendlichen mit dem „braunen Bazillus" infizieren mussten.

„Staat und Partei setzten alles daran, das Denken der Lehrer umzuformen, d. h. sie mit dem nationalsozialistischen Gedankengut, ihren politischen und pädagogischen Zielvorstellungen vertraut zu machen. Man enthob sie nicht ihres Amtes, sofern sie nicht Juden oder Kommunisten waren, ersetzte sie nicht durch linientreue Kollegen, sondern 'erzog' sie 'um' im nationalsozialistischen Sinne. Außerdem kontrollierten staatliche Instanzen fortan unentwegt ihr Tun wie ihre politische Einstellung. Der Nationalsozialistische Lehrerbund – NSLB – und das Leipziger 'Zentralinstitut für Erziehung' führten Lehrgänge in Schulungslagern durch und veranstalteten zur Weiterbildung aller Lehrer ... gemeinsame Fahrten und Informationskurse."
(aus: Kurt-Ingo Flessau: Schule der Diktatur, München, 1977, S. 17 / 18)

**Aufgaben**

1. Welche Unterrichtsfächer wurden in der Schule bevorzugt und warum?
2. Was bedeutete „Umerziehung" für die Lehrer?
3. Informiere dich bei deinen Großeltern, anderen Verwandten und Bekannten über ihre Erfahrungen in der Schule zur nationalsozialistischen Zeit. Führe ein Gespräch mit ihnen, protokolliere die Unterhaltung und schreibe anschließend einen Bericht darüber.
4. Versuche Schulbücher aus der Nazizeit zu bekommen. Arbeite sie durch, ob und evtl. welche Texte, Aufgaben usw. mit „weltanschaulichem Inhalt" enthalten sind.

BVK LA21 • Hans-Jürgen van der Gieth: „Leben und Alltag im ... Dritten Reich"

# Nationalsozialistische Erziehung

Aus einem Tischgespräch Hitlers am 20. 5. 1942:
„... Die Jugend, die in zehn bis zwanzig Jahren den nationalsozialistischen Staat verkörpert, habe nie etwas anderes gekannt als die nationalsozialistische Weltanschauung und sei durch ein Erziehungssystem hindurchgegangen, das sie ebenso diszipliniert wie selbstsicher mache. Wie grundlegend habe sich schon heute die Lehrlings-Ausbildung gewandelt! Derselbe Lehrling, der früher ein 'Watschenbaum' gewesen und – wenn Meister oder Geselle sich kratzten – unwillkürlich zusammengezuckt sei, stehe heute schon nach einer halbjährigen Grundausbildung an einem Arbeitsplatz, der seinen Fähigkeiten entspreche und ihn dadurch selbstbewußt mache.
Wenn man bedenke, daß das Tempo der Erziehung unserer Mädels nach nationalsozialistischen Grundsätzen dieselben Fortschritte gemacht habe und unsere weibliche Jugend heute den nationalen Notwendigkeiten entsprechend in der Rüstungsfabrik, im Büro, im Lazarett, bei der Landarbeit und so weiter mithelfe, könne man nur konstatieren[1]: Hundert Jahre diese Erziehungsarbeit durchhalten, und das deutsche Volk sei der geschlossenste und kolossalste[2] Machtblock, den es in Europa jemals gegeben habe.

Bei der Erziehung unserer männlichen Jugend dürfe man aber eines nicht außer acht lassen, daß nämlich keine Ausbildung der Jugend einen so aufgeschlossenen Blick und eine so ideale Einstellung zur Handarbeit vermittle als die Tätigkeit im Hochofenwerk, im Stahlwerk oder im Panzerwerk, also in der Eisenproduktion, ganz egal, ob es sich nun um Waffenherstellung oder um Maschinenbau handle. Wenn er durch die Krupp-Werke in Essen ... gehe, komme ihm dies stets von neuem zum Bewußtsein. Denn die Arbeiter dort seien ihrer äußeren und inneren Haltung nach wahre Herrenerscheinungen. Die gleichen Feststellungen habe er anläßlich des Stapellaufs der 'Tirpitz' auf der Wilhelmshavener Marinewerft machen können. Wie viele schöne, stattliche Menschen mit einer souveränen, adligen Haltung und ehrlichem Stolz im Gesicht habe er unter den Arbeitern gesehen, die auf der Werft an diesem großen Werk mitgeschafft hatten und nun zum Stapellauf angetreten waren. Als er nach dem Stapellauf die Arbeiten am Bau der vierten Hafeneinfahrt in Wilhelmshaven besichtigt habe und bei der Gelegenheit an einer Fülle von ausländischen Arbeitern vorbeigekommen sei, sei es ihm geradezu aufgefallen, wie sehr diese Ausländer gegen unsere deutschen Arbeiter abfielen und was für ein Gesocks[3] sie seien." (aus: Picker, Henry: Hitlers Tischgespräche im Führerhauptquartier, Stuttgart, 1977, 3. Aufl., S. 314 / 315)

[1] feststellen
[2] riesig, gewaltig
[3] Gesindel, abwertende Bezeichnung

**Aufgaben**

Hitlers Weltanschauung sowie seine Vorstellung von den Jugendlichen kommen in dem Tischgespräch vom 20. 5. 1942 sehr deutlich zum Ausdruck.

1. Fasse kurz seine wesentlichen Aussagen zur deutschen Jugend zusammen.
2. Wie beschreibt er die deutschen Arbeiter auf der Werft in Wilhelmshaven?
3. Wie äußert er sich über die ausländischen Arbeiter, denen er dort begegnet ist?
4. Heute hört man schon einmal den Spruch „Die Türken sind die Juden von damals."
   Was ist mit dieser „Aussage" gemeint?
5. Auch heute noch gibt es bei uns in Deutschland Menschen, die die Weltanschauung der Nationalsozialisten und ihre damalige Politik gut finden. Solche Leute bezeichnet man meist als Neonazis. Menschen, die diesem „rechten" Gedankengut zustimmen, werden auch als „Rechtsradikale" oder „Rechtsextremisten" bezeichnet.
   Informiere dich über Neonazismus bzw. Rechsradikalismus / -extremismus.

# Verführung der Jugendlichen

„Vorwärts! Vorwärts! Schmettern die hellen Fanfaren.
Vorwärts! Vorwärts! Jugend kennt keine Gefahren.
Deutschland, du wirst leuchtend stehn,
mögen wir auch untergehn.
Vorwärts! Vorwärts! Schmettern die hellen Fanfaren.
Vorwärts! Vorwärts! Jugend kennt keine Gefahren.
Ist das Ziel auch noch so hoch, Jugend zwingt es doch!

Kehrreim (Refrain):
Unsre Fahne flattert uns voran.
In die Zukunft ziehn wir Mann für Mann.
Wir marschieren für Hitler durch Nacht und durch Not
mit der Fahne der Jugend für Freiheit und Brot.
Unsre Fahne flattert uns voran.
Unsre Fahne ist die neue Zeit.
Und die Fahne führt uns in die Ewigkeit!
Ja, die Fahne ist mehr als der Tod!

Jugend! Jugend! Wir sind der Zukunft Soldaten.
Jugend! Jugend! Träger der kommenden Taten.
Ja durch unsre Fäuste fällt, wer sich uns entgegenstellt.
Jugend! Jugend! Wir sind der Zukunft Soldaten.
Jugend! Jugend! Träger der kommenden Taten.
Führer, wir gehören dir, wir, Kameraden, dir!

Kehrreim (Refrain):
Unsre Fahne flattert uns voran. …"

Dieses Lied war der „Hit" in dem Film „Hitlerjunge Quex". In dem Schlusskommentar zu diesem Film stand im „Film-Kurier": „Der tapfere kleine Soldat ist den Heldentod gestorben, für seine Sache, für die Kameraden, für die heißgeliebte Fahne und den Führer. Aber andere deutsche Jungens reißen die Fahne wieder hoch, die mit dem Blut eines der Besten geweiht ist!"

**Aufgaben**

1. Welche Informationen über die nationalsozialistische Weltanschauung werden in dem Lied vermittelt?
2. Welche Gefühle hat dieses Lied wohl damals bei den Jugendlichen ausgelöst?
3. Was, glaubst du, hat das Lied bei jungen Menschen an der Front bewirkt?
4. Werden Kinder und Jugendliche auch heute noch von Liedern (Schlager, Popsongs … ) beeinflusst? Begründe deine Antwort.
5. Kennst du aktuelle Songs, die – so wie das Lied oben – auch die Beeinflussung eines (jungen) Menschen zum Ziel haben? Wenn ja, welche? Stelle sie dar.

# Hitler-Jugend

Volksgemeinschaft

Im Sommer 1935 meldet sich die 10jährige E. bei den Jungmädeln an. Sie lernt ganz neue Lebensverhältnisse kennen: „Die neue Führerin hieß Elfriede. Ein sportliches, derbes, lustiges Mädchen von etwa 14 oder 15 Jahren mit schwarzem Bubikopf, die mit ihrer Jungmädelschar vorwiegend Geländespiele machte. Einmal, an einem frostigen Samstagvormittag, waren sie dabei durch sumpfige Wiesen und nasse, von Fuhrwerken aufgebrochene Waldwege gestapft, und Elfriede schlug vor, sich bei ihr zu Hause die Lehmkluten[1] von den Schuhen zu kratzen. Elfriede wohnte in einer von drei oder vier großen, ziemlich häßlichen Mietskasernen am südlichen Stadtrand, unterhalb des Flughafens, in denen viele Familien mit vielen Kindern wohnten. Im Paderborner Volksmund hieß die Siedlung 'Port Arthur', und dieser Name hatte in E's Umwelt keinen guten Klang. Aber Elfriede genierte sich überhaupt nicht, da zu wohnen, und auch die anderen Mädchen wunderten sich nicht darüber. Das 'Bürgerkind' sah sich verstohlen um, sah schmutzige, abgeblätterte Wände im Treppenhaus und nahm einen undefinierbaren, penetranten[2] Geruch nach Bohnerwachs, Reinigungsmitteln und den Klos auf der halben Treppe wahr. Die Wohnung hatte überhaupt keine Diele, nicht einmal einen Flur. Man stand gleich in der Küche. Am Spülstein rasierte sich ein junger Mann im Unterhemd. An das Bord mit den Dosen für Ata, Imi[3] und Salmiak[4] hatte er sich einen Handspiegel gehängt. Als die ganze Jungmädelschar in die Küche drängte, nahm er den Spiegel ab und verzog sich in den hinteren Teil der Wohnung. Alle kratzten sich die Schuhe ab, und eines der größeren Mädchen fegte den Dreck zusammen. E. merkte, daß sie das nicht zum erstenmal machte. Elfriedes Mutter schenkte aus einer großen Blechkanne Malzkaffee ein, und weil alle ziemlich durchgefroren waren, schmeckte er unwahrscheinlich gut, obwohl kein Zucker drin war, nur Milch. Die Mädchen tranken zu zweien und zu dreien aus großen Henkelbechern, und E. lernte, daß man zum Trinken keine Untertasse braucht.

**Stichwort: Hitler-Jugend (HJ)**
Bezeichnung für die Jugendorganisation der NSDAP. Es war die wichtigste Organisation zur „körperlich-geistigen und sittlichen Erziehung der Jugend" sowie seit 1939 zur „vormilitärischen Ertüchtigung".
Aufbau: 10–14jährige Jungen bildeten das Deutsche Jungvolk, die Mädchen den Jungmädelbund, die 14–18jährigen Jungen und Mädchen die HJ (für Jungen) und den Bund Deutscher Mädel (BDM).

Zum Abschied sangen sie das Lied 'Ein junges Volk steht auf, zum Sturm bereit', alle drei Strophen. Auch der Mann im Unterhemd tauchte wieder auf und sang mit. Jetzt verstand die Zehnjährige die zweite Strophe richtig: 'Wir sind nicht Bauer, Bürger, Arbeitsmann, haut die Schranken doch zusammen, Kameraden.' Sie nahm sich vor, nicht nur beim Singen 'die Schranken zusammenzuhauen' und verehrte Elfriede von da an.

Vielhundertmal hat E. während des Dritten Reiches das Lied vom jungen Volk gesungen und – ohne sich etwas dabei zu denken – die Aufhebung der Klassenschranken drei Strophen lang in der Frontkameradschaft des Schützengrabens enden lassen:

'Ein junges Volk steht auf, zum Sturm bereit!
Reißt die Fahnen höher, Kameraden!
Wir fühlen nahen unsere Zeit, die Zeit der jungen Soldaten.
Wir sind nicht Bürger, Bauer, Arbeitsmann,
haut die Schranken doch zusammen, Kameraden!
Uns weht nur eine Fahne voran,
die Fahne der jungen Soldaten!
Und welcher Feind auch kommt mit Macht und List, seid nur ewig treue Kameraden!
Der Herrgott, der im Himmel ist,
liebt die Treue und die jungen Soldaten.'"

(aus: Sternheim-Peters, Eva: Die Zeit der großen Täuschungen, Köln, 1992, S. 178 f.)

[1] Lehmklumpen
[2] durchdringend, aufdringlich
[3] Ata und Imi sind Markennamen von Reinigungsmitteln
[4] Bezeichnung für Ammoniakverbindung. Ammoniak ist ein farbloses, stechend riechendes Gas. Salmiak wird verdünnt u. a. als Haushaltsreinigungsmittel benutzt.

**Aufgaben**

1. Beschreibe, wie die 10jährige E. (Eva) ihre Mitgliedschaft in der Hitler-Jugend empfindet.
2. Welche „Ideen" und welche „Haltung" werden in dem Lied vermittelt?

# „Ich erinnere mich …“

„Ich wurde am 9. 8. 1924 als Margarete Voß im Kempener Krankenhaus geboren. Da ich es sehr eilig hatte, kam ich als so genanntes Siebenmonatskind zur Welt. Nach Aussagen meiner Mutter war die Geburt sehr schwer. Zu allem Übel ging auch während meiner Geburt nachts das Licht kaputt und es musste bis morgens gewartet werden, bis ich dann um fünf Uhr früh ans Licht der Welt kam. …
Ich hatte noch einen älteren Bruder und eine ältere Schwester, später kam noch eine Cousine als Pflegekind hinzu.
Als ich zwei Jahre alt war, zogen wir in ein kleines mit Efeu bewachsenes Häuschen, für uns ganz alleine. Mein Vater half immer im Garten und pflückte im Herbst das Obst. Dann hatten wir Kinder viel Spaß und wir konnten uns so richtig an den Früchten satt essen. Es waren Pfirsiche, Birnen und Äpfel, Sternrenetten, die man heute nicht mehr sieht. …

Jede Woche ging es ans Brotbacken, ein Weißbrot und wenn Kirmes oder sonst ein besonderer Tag war, gab es ein Rosinenbrot dazu. Frühmorgens, ehe wir zur Schule gingen, mussten wir Kinder den Teig, den Mutter zuhause vorbereitet hatte, nach Hermanns-Bäcker in die Backstube bringen. Der Teig wurde in ein warmes Küchenhandtuch geschlagen, damit er nicht abkühlte, denn Hefeteig ist sehr empfindlich. Der Bäckermeister fühlte dann immer am Teig und sagte: ‘Die Frau Voß kann den besten Teig mengen’. Das freute uns dann sehr. Samstagsmittags musste eine von uns Mädchen so gegen 13.00 Uhr das Brot wieder abholen. Dabei mussten wir ganz vorsichtig gehen, weil das Brot sehr lang und frisch war. Eines Tages holte meine Schwester Agnes das Brot ab, aber sie kam und kam nicht wieder. Doch endlich war sie wieder da. Sie stand heulend mit zwei Teilen Brot in der Türe. Das Brot war durchgebrochen. Und sie wusste nicht, wie dies geschehen war. Wenn dann das frische Brot samstagmittags auf dem Wohnzimmertisch lag, hatte ich schon Lust, das Krüstchen zu ergattern. Mutter war zwar dagegen, aber nach langem Quälen schnitt es mir mein Vater schließlich ab. …
Bei Pylen in der Moosgasse ging ich abends ein Liter Milch kaufen. Es kostete damals 19 Pfennige. Pylen Trina bediente uns immer. Sie war schon eine alte Frau und verschüttete oft die Milch mit ihren zittrigen Händen. Ein Glück, dass das die junge Frau nicht gesehen hatte. Man musste erst durch ein großes Tor am Kuhstall vorbei und dann kam man in die kleine Milchküche. Es roch immer nach Milch, Butter, Klee, Gras und Kühen. Mir war der Kuhstall nicht ganz geheuer. Aber meine Mutter brauchte ja die Milch. Es gab fast jeden Abend Milchsuppe mit Kartoffeln und Rote Bete oder Salat. Manchmal gab es auch Brot. Das war mir am liebsten. Aber das war wohl zu teuer. …
Samstagmittags bekam ich immer fünf Pfennige. Mit meinen Freundinnen Käthe und Trudi ging ich nach Berendahls, ein Geschäft in der Nähe. Käthe und Trudi hatten auch ein paar Pfennige in der Tasche. Bei Berendahls gab es alles zu kaufen, was das Herz begehrte. Wir standen nun da und wussten nicht, was wir von unserem wenigen Geld kaufen sollten. Von Salmiakpastillen hatten wir den ganzen Nachmittag etwas. Aber manchmal kauften wir auch einen Riegel Schokolade, der natürlich im Handumdrehen aufgegessen war. Manchmal kam auch der Eiswagen und dann wurden die fünf Pfennige in einen Ballen Eis umgesetzt; Vanille mochte ich am liebsten. Anschließend setzten wir uns auf die Bordsteinkante und überlegten, was wir spielen sollten. Viel Spielzeug hatten wir nicht. Und so vertrieben wir uns die Zeit mit Hinkeln. Kästchen wurden dazu auf den Boden gemalt.

# „Ich erinnere mich ..."

Einen flachen Stein musste man in ein Kästchen werfen und anschließend auf einem Bein von Kästchen zu Kästchen „hinkeln", wobei das Kästchen mit dem Stein nicht betreten werden durfte. Oder wir spielten Seilhüpfen, Bandeln mit einem verrosteten Karrenreifen oder „Dopp-Schlagen". Beim „Dopp-Schlagen" wurde mit einer Art Peitsche ein Kreisel geschlagen, der sich schnell fortbewegte. Ganz beliebt war das Spielen mit Murmeln („Kölschen" oder „Knickern" nannten wir das). ...

Im Sommer gingen wir Sonntagsnachmittags immer spazieren. Das war für uns ein großes Vergnügen. Meistens ging es nach Gilsing, einem Gartenrestaurant am Rande der Stadt. Dort gab es eine große Schaukel, auf die wohl an die zehn Kinder passten. Wir Kinder durften ein Glas Zitronenlimonade trinken, meine Eltern tranken ein Glas Bier. ...

1935, da war ich zwölf Jahre alt, kam ich zu einer Familie Baltes auf der Mülhauserstraße. Sie führten ein kleines Lebensmittelgeschäft, hatten einen Personenwagen und einen Omnibus. Sie hatten auch zwei Kinder, Hans und Maria, und ich wurde ihr Kindermädchen. Mit Maria ging ich bei gutem Wetter viel spazieren. Bei Heinen, das war meine Tante, musste ich oft eine Banane für Maria kaufen. Einmal habe ich mir ein Stück abgebrochen, weil ich wissen wollte, wie sie schmecken. Zwei Jahre war ich dort Kindermädchen und nach meiner Schulzeit habe ich dort mein Pflichtjahr abgeleistet. Für fünf Mark im Monat musste ich im Haushalt arbeiten und die Kinder versorgen. In einem Geschäftshaushalt fällt sehr viel Arbeit an. Und wenn im Laden, besonders an den Wochenenden, viel Betrieb war, musste ich die ganze Arbeit im Haushalt alleine machen. Um sieben Uhr abends hatte ich eigentlich Feierabend. Aber wenn Herr Baltes kurz vorher mit dem Bus nach Hause kam, haben wir ihn noch gemeinsam gesäubert. Dafür gab es aber meistens eine schöne Entschädigung: Bei schönem Wetter nahm mich die Familie mit ihrem Auto mit auf einen Sonntagsausflug. ...

Wenn Kirmes war, gingen meine Eltern manchmal zum Tanzen. Ich weiß noch, als ich 15 Jahre alt war, nahmen sie mich einmal mit. Mein Vater und ich tanzten unheimlich gerne. Es war Groschentanz, das heißt, man musste einen Groschen bezahlen, wenn man tanzen wollte. Mitten auf der Tanzfläche stand ein Mann mit einem Hut in der Hand, in den man einen Groschen werfen musste. Allerdings wurde uns das auf die Dauer zu teuer. ...

Die Fotos zeigen Bäuerinnen bei der täglichen Arbeit auf dem Bauernhof.

# „Ich erinnere mich ...“

Auf St. Martin freuten wir uns immer sehr. Mein Vater half uns vorher beim Laternenbasteln. In der Schule wurden keine Fackeln gebastelt. Da mein Vater in der Sanitätskolonne vom Roten Kreuz war, begleitete er immer den St. Martinszug und zündete die ausgebrannten Kerzen in den Fackeln wieder an. Am Ende des Zuges gab es eine große Tüte mit Süßigkeiten. Unser Martinszug in Kempen war – wie heute auch noch – immer einer der schönsten in der ganzen Umgebung. An der Burg wurde ein großes Feuerwerk veranstaltet, auf der Schulstraße die Szene mit der Mantelteilung nachgespielt. ...

Milchtransport vom Bauernhof zur Molkerei

An der Wiesenstraße hatten wir noch einen kleinen Garten. Die Gärten waren in Parzellen eingeteilt und mehrere Kempener Bürger hatten dort ein Stück Land gepachtet um Gemüse, Kartoffeln oder Obst zu ernten. Wenn Erntezeit war, ging meine Mutter schon früh um 6 Uhr morgens in den Garten. Sie sagte immer, Früchte oder Gemüse, das in der Mittagshitze geerntet wird, hält sich nicht lange und einwecken könnte man es schon gar nicht. Mein Vater war für das Kartoffelausmachen zuständig. Wir Kinder mussten die Kartoffeln auflesen und am Abend ging es dann mit viel Spaß und einer vollen Karre nach Hause. ...

Beim Spargelstechen

Eines Tages leistete sich mein Vater ein neues Fahrrad. Wenn er mit dem Rad gefahren war, wurde es im Hof „auf den Kopf“ gestellt und gründlich geputzt. Es musste in der ersten Zeit auch immer im Wohnzimmer stehen, obwohl er sich eigens für das Fahrrad einen Schuppen gebaut hatte. Aber es war ihm einfach zu schade. ...

Sonntagsmorgens ging meine Mutter immer früh in die Heilige Messe. Wir Kinder gingen in die Kindermesse und Vater ging ins Hochamt. Ehe er losging, musste alles tip-top sein: die blank geputzten Schuhe, der abgebürstete Anzug oder je nach Witterung der Mantel mit Hut. Bei trockenem Wetter nahm er den obligatorischen Spazierstock mit. War Regen in Sicht, nahm er den Schirm mit. Er war immer sehr auf seine Kleidung bedacht. Aber man hatte ja auch nicht viel. ...“

(Margarete van der Gieth: Ich erinnere mich ..., private Aufzeichnungen)

**Aufgaben**

1. Beschreibe das Leben und den Alltag in der Nazizeit anhand des Berichtes.
2. Vergleiche einzelne Lebensbereiche mit unseren heutigen Lebensbedingungen: z. B. Einkaufen, Freizeitgestaltung, Essen ... . Fertige hierzu eine Tabelle.
3. Erforsche das Leben und den Alltag in deiner Heimatgemeinde zur Zeit des Dritten Reiches. Erkundige dich bei noch lebenden Zeitzeugen aus der damaligen Zeit, besorge dir Zeitungen aus der NS-Zeit, informiere dich im Archiv ... .
   Fertige einen Bericht über deine Forschungsergebnisse an.

## Naziterror

„Frau Pohlmann kommt“, meldete der Junge endlich. „Frau Pohlmann?“
„Hm. Sie hält sich das Taschentuch vors Gesicht. Vielleicht hat sie Zahnschmerzen.“
Eine Minute später wurde die Klingel gedreht, und Gerd öffnete. „Guten Tag, Tante Pohlmann.“
Die Frau kam weinend herein. Hermine Weber schob ihr einen Hocker zurecht und schenkte ihr eine Tasse Malzkaffee ein. „Ist was mit Fritz?“ fragte Wilhelm besorgt.
Und die Frau antwortete schluchzend: „Vor einer halben Stunde haben sie ihn abgeholt.“
„Wer? Polizei?“
„Nein. Sie hatten braune Hemden an und Armbinden, auf denen 'Hilfspolizei' stand.“
„Aber wieso abgeholt? Wohin?“ „Das weiß ich doch nicht. Sie hatten ein großes weißes Auto von einer Wäscherei.“
„Man kann doch in Deutschland nicht einfach Menschen einfangen wie streunende Hunde.“ „Einer hat etwas von Schutzhaft gesagt.“
Karl-Heinz, der wieder seinen Ausguck auf dem Fensterbrett bezogen hatte, rief atemlos: „Unten hält ein weißes Auto!“ Die Mutter hob erschrocken die Hand vor den Mund und sah ihren Mann mit furchtsamen Augen an.
„Reg dich nicht auf“, sagte Wilhelm. „Vielleicht kriegen Lüttges ihre Wäsche geliefert.“
„Um sieben?“
Es läutete. Gerd rannte los. „Guten Abend, Onkel“, sagte er und verbesserte sich: „Onkels.“ „'n Abend“, sagte einer der Männer. „Wilhelm Weber?“ „Ja.“
„Dann zieh dir man an. Mußt mitkommen.“ „Wieso?“
„Weeß ick ooch nich. Ick hab dir hier uff meine Liste und muß dir abliefern. Lauter Sozis.“ „Kann ich was Schriftliches sehen?“
„Mensch, mach doch keene Menkenke. Uffn Präsidium werden se dir schon alles erzähln.“
„Muß ich ihm etwas einpacken?“ fragte Hermine gefaßt. „Dauert's länger?“
„Ick weeß jarnischt, liebe Frau. Wird woll nich so wild sinn. So ville Platz ham die ja jarnich.“
Wilhelm zog die Jacke über, nahm Gerd auf den Arm und drückte ihn fest an sich. „Keine Angst“, sagte er dann zu seiner Frau, „ich habe ja nichts verbrochen.“ Er setzte den Kleinen wieder ab, knöpfte die Jacke zu und sagte: „Gehen wir, damit wir's bald hinter uns haben.“
Einer der Hilfspolizisten ging voraus, der Festgenommene ihm nach. Der zweite SA-Mann wandte sich an der Tür noch einmal um und sagte: „Befehl ist Befehl, da kann man nichts machen. Vielleicht kommt Ihr Mann heute abend noch wieder.“ Dann hob er gewohnheitsmäßig die Hand, hielt es aber anscheinend doch für unpassend, „Heil Hitler!“ zu grüßen, und ging mit einem „Alles Gute!“ hinaus.
Die Frauen sahen sich ratlos an. Gerd weinte, weil er zu begreifen begann, daß etwas Böses geschehen war, und Karl-Heinz sah seinen Vater unten in das Auto steigen, das dann eilig davonfuhr. „Unsere Männer haben doch nichts getan“, sagte Hermine Weber, um sich selbst zu beruhigen, während sie Gerd auf den Schoß nahm und ihn zu trösten versuchte. „Ich muß mich um die Kinder kümmern“, erinnerte sich Frau Pohlmann, stopfte ihr Taschentuch in die Tasche und verabschiedete sich.
„Was machen die mit Vati?“ fragte Karl-Heinz.
Ein Weilchen antwortete seine Mutter nicht, dann stand sie entschlossen auf. „Das werden wir bald erfahren“, sagte sie, nahm Gerd bei der Hand, bedeutete auch ihrem Ältesten mitzukommen, verschloß die Wohnungstür hinter sich und machte sich mit ihren Kindern auf den Weg zum Polizeipräsidium. …
Karl-Heinz saß trübsinnig auf den Stufen vor der Haustür. Karin war schon dreimal an ihm vorbeigekommen, und als sie wieder mit ihrem Krankenwagen herankam, rief er ihr zu: „Na, freust du dich jetzt?“ Das Mädchen blieb stehen, warf einen ihrer braunen Zöpfe über die Schultern zurück und fragte: „Warum?“ „Weil sie meinen Vater abgeholt haben.“
Ernsthaft erwiderte sie: „Mutti hat es erzählt. Sie findet es schrecklich, weil doch sonst nur Diebe ins Gefängnis

BVK LA21 • Hans-Jürgen van der Gieth: „Leben und Alltag im … Dritten Reich“

# Naziterror

kommen." „Mein Vater ist kein Dieb." „Ich weiß. Darum ist es ja so schrecklich." „Du sagst das nur so, und dabei freust du dich." „Das ist nicht wahr."
„Schön, du vielleicht, aber dein Vater." „Nein, der hat sich auch nicht gefreut, als er's gehört hat." „Doch, die Männer, die Vati abgeholt haben, hatten genau solche Uniformen an wie dein Vater. Das waren auch Nazis." „Aber mein Vater macht so etwas nicht." „Alle Nazis machen das."
Da fuhr Karin den Krankenstuhl behutsam an die Hauswand heran, setzte sich neben Karl-Heinz auf die Stufe und weinte. Erst sah der Junge bockig vor sich hin, als ginge ihn das weinende Mädchen nichts an, dann fragte er mürrisch. „Warum heulst du denn? Du kannst doch nichts dafür." „Weil du das gesagt hast", schluchzte Karin. „Mein Vati tut so etwas wirklich nicht. Ganz bestimmt nicht."
Karl-Heinz schwieg verbissen.
„Ich kenne ihn doch viel besser als du", beteuerte das Mädchen. „Wenn er Geld hat, schenkt er manchmal sogar Detlev ein Stück Schokolade. Das tut sonst niemand von unserer Straße." „Meiner hat kein Geld. Und deiner darf auch bloß arbeiten, weil er bei der SA ist."
„Aber er holt keine anderen Männer ab ins Gefängnis", versicherte Karin noch einmal.
„So genau weiß ich das ja auch nicht", beschwichtigte Karl-Heinz und ließ damit den Tränenstrom versiegen. „Vielleicht kommt er bald wieder", sagte sie tröstend.
...
Vierzehn Tage war Wilhelm Weber fort gewesen, als er an einem Mittwochnachmittag wieder nach Hause kam. Gerd hatte ihn zuerst entdeckt und dem Vater vor Freude jubelnd die Tür geöffnet. Der Vater lächelte ihm zu. Er war blaß, und um seinen Mund lag ein Zug, als habe er Schmerzen zu verschweigen.
Die Mutter spülte gerade das Geschirr. Während sie die Hände abtrocknete, liefen ihr Tränen übers Gesicht. Bei den Webers war es nicht üblich, Gefühle überschwenglich zu zeigen, und als Hermine Weber ihrem Mann eine Tasse Kaffee einschenkte, eine Scheibe Brot abschnitt, ihm zusah, wie er trank und aß, und ihm einmal für ein paar Sekunden die Hand auf den Arm legte, wußte er genau, wie das alles von ihr gemeint war. „War's schlimm?" fragte sie.
„Ich darf nicht darüber reden", erwiderte er kauend, „und ich will's auch nicht." Doch nach einer Weile fügte er hinzu: „Eigentlich sollte man meinen, wir wären alle Menschen und hätten die gleichen Rechte mit auf die Welt bekommen. Wer das glaubt, hat nichts begriffen. Nicht auf die gleichen Rechte kommt es an, sondern auf die unterschiedliche Macht." „Und was wird nun?"
„Was soll werden? Unsere Partei ist verboten, die anderen haben sich selbst aufgelöst."
Es sah aus, als wäre die Frau durch diesen Umstand noch weit mehr erleichtert als dadurch, daß ihr Mann endlich wieder daheim war. „Soll ich dir ein paar Kartoffelpuffer backen?" fragte sie und wußte, daß er dazu nicht nein sagen würde.
Als es zum erstenmal in der Pfanne brutzelte, kam Fritz Pohlmann.
„Ich wollte nur mal sehen, ob sie dich auch rausgelassen haben", erklärte er und drehte verlegen die Mütze in den Händen. Er schien aber noch etwas anderes auf dem Herzen zu haben. „Ja, und dann wollte ich auch mit dir sprechen, Wilhelm. Wir müssen ja wissen, wie's weitergehen soll. Ich habe mir da schon Gedanken gemacht." ...
„Ich wüßte auch gar nicht, was noch zu besprechen wäre", sagte Wilhelm Weber. „Die Gewerkschaft ist verboten, die Partei gibt's nicht mehr. Vorläufig ist es aus mit uns." „Eben nicht", unterbrach ihn Fritz Pohlmann. „Wir können nicht mehr so offen arbeiten wie bisher, das ist wahr. Aber wir können arbeiten. Wenn nicht bei hellem Tag, dann eben bei Kerzenlicht. Die Hitlerei dauert keine Ewigkeit. Wir müssen die Männer zusammenhalten, die dann wieder an die Arbeit gehen können. Kreise bilden müssen wir, Widerstand leisten, wo es nur geht. Dafür rechne ich auf dich."
„Dann hast du dich verrechnet, Fritz. Ich habe die Nase voll. Die Hitlerei wird nicht ewig dauern, da hast du recht. Aber solange sie dauert, will ich mir nicht die Finger verbrennen. Diesmal waren wir vierzehn Tage einge-

## Naziterror

sperrt. Weißt du, wie lange es beim nächstenmal dauert? Ein eingesperrter Mann kann seinen Kindern kein Brot geben. Nein, Fritz. Ich hoffe, daß dieses Affentheater bald vorbei sein wird, aber solange verhalte ich mich ruhig und lebe für mich – ohne Kerzenlicht und Keller."

„Für sich allein leben wollen, das ist Unsinn, Wilhelm! Damit gibst du gerade das auf, was du nicht verlieren willst: die Freiheit der Wahl!"

„Ich wähle doch. Begreifst du das nicht? Ich hasse die Gewalt, aber ich will meine Familie nicht gefährden. Widerstand kommt also für mich nicht in Frage. Du darfst nicht denken, daß ich mit den Nazis mitmachen werde. Ich will saubere Hände behalten. Aber leben will ich auch, verstehst du? Und darum werde ich nicht gegen die Nazis arbeiten. Das ist ein Entschluß. Oder nicht?"

„Ja, es ist der Beschluß, nichts zu beschließen. Ich gehe nicht gegen die Gewalt an, das heißt doch: Ich lasse sie gewähren, und das heißt doch: Ich helfe mit, sie am Leben zu erhalten."

„Du machst Worte, Fritz."

„Mensch, Wilhelm, du hast einen Kopf und kannst damit denken. Aber das ist schief gedacht: Ich will das Böse nicht, also lasse ich es zu; ich hasse die Unterdrückung, darum kusche ich wie ein geprügelter Hund; ich will keine Verbrechen sehen, darum mache ich die Augen zu. 'Wer nicht für uns ist, der ist gegen uns', hat Hitler kürzlich in einer Rede gesagt. Aber das stimmt nicht. Umgekehrt ist es wahr: Wer heute nicht gegen die Nazis ist, der arbeitet für sie!" (aus: Hans-Georg Noack: Die Webers, Ravensburg, 1980, S. 28–37)

**Aufgaben**

Der Roman von Hans-Georg Noack beschreibt das Leben einer Familie während des Dritten Reiches. In dem Textauszug wird beschrieben, wie der Vater der Familie Weber verhaftet wird, weil er „Sozi" ist. So wurden die Leute beschrieben, die Mitglied in der SPD waren.

1. In der Unterhaltung zu Anfang zwischen Frau Pohlmann und Wilhelm Weber sagt Herr Weber: „Man kann doch in Deutschland nicht einfach Menschen einfangen wie streunende Hunde." Dass die Nazis das sehr wohl konnten, haben sie vielfach bewiesen. Wieso eigentlich wurden Menschen, die offensichtlich keine Verbrechen begangen hatten, „eingefangen" und verhaftet?
2. Der Hilfspolizist, der Wilhelm Weber abholte, erklärte bzw. entschuldigte beinahe sein Handeln mit: „Befehl ist Befehl, da kann man nichts machen." Was will er damit ausdrücken?
3. Beschreibe die Schwierigkeiten, die Karin und Karl-Heinz wegen der Verhaftung des Vaters von Karl-Heinz miteinander haben.
4. Als Herr Weber nach vierzehn Tagen wieder zu Hause ist, sagt er: „Eigentlich sollte man meinen, wir wären alle Menschen und hätten die gleichen Rechte mit auf die Welt bekommen. Wer das glaubt, hat nichts begriffen. Nicht auf die gleichen Rechte kommt es an, sondern auf die unterschiedliche Macht." Was meint er mit dieser Aussage?
5. Was meint Herr Weber als er sagt, dass er sich in Zukunft nicht mehr „die Finger verbrennen" will? Warum will er sich zukünftig **so** verhalten?
6. Male zu dem Text eine Bildergeschichte.

# Judenboykott

Besonders die Juden hatten unter der menschenverachtenden Rassenpolitik der Nationalsozialisten zu leiden. Und so stellen die zwölf Jahre des Dritten Reiches eine traurige Zeit der Verfolgung und Ausrottung von Menschen dar, wie sie in der Geschichte der Menschheit noch nie dagewesen war.

Hitler hatte eine tiefe Abneigung gegen die Juden. Für ihn war das Judentum eine Gefahr für Deutschland und Europa. Seiner Meinung nach war das Judentum rassisch härter als die einheimische deutsche und europäische Rassenmischung. Deshalb würden die Juden bereits in der zweiten Generation nach ihrer Einwanderung (vor allem aus dem Osten) im „Gastvolk" führende gesellschaftliche Positionen einnehmen. Außerdem brachen nach Hitlers Meinung Kulturen und Reiche zusammen, wenn sich ihre Angehörigen mit völlig andersartigen Rassen mischten. Er sah in der Blutvermischung zwischen völlig verschiedenen Rassen „die wahre Erbsünde dieser Welt". Er begründete dies damit, dass die „Art-Erhaltung" der verschiedenen menschlichen Rassen das Lebensgesetz sei, nach dem wir angetreten seien. So gelte dieses Lebensgesetz – wie bei der Pflanze oder dem Tier – auch beim Menschen. Die Missachtung des Lebensgesetzes und der Verlust der Rassenreinheit führe, so Hitler, zum Verschwinden der Widerstandskraft der Menschen und Völker im ewigen Daseinskampf.

Hitlers Weltanschauung war menschenverachtend. Insofern war auch die Umsetzung seiner Ziele und Pläne menschenfeindlich und verachtenswert. Dass die Grundlage seiner Idee zudem wissenschaftlich unhaltbar ist, kommt hinzu. Es gibt keine unterschiedliche „Wertigkeit" der verschiedenen Rassen. Auf die Juden bezogen kommt noch hinzu, dass sie keine Rasse darstellen. Sie sind lediglich die Angehörigen einer Religion.

Unmittelbar nach der Machtergreifung Hitlers am 30. 1. 1933 begann die Verfolgung der Juden. In der ersten Zeit wurden Juden in Deutschland diskriminiert, das bedeutet, sie wurden gesellschaftlich missachtet und schlechter gestellt.

**Judenboykott**

Anordnung der Parteileitung der NSDAP vom 28. 3. 1933:

„1. In jeder Ortsgruppe und Organisationsgliederung der NSDAP sind sofort Aktionskomitees zu bilden zur praktischen, planmäßigen Durchführung des Boykotts jüdischer Geschäfte, jüdischer Waren, jüdischer Ärzte und jüdischer Rechtsanwälte. Die Aktionskomitees sind verantwortlich dafür, daß der Boykott keinen Unschuldigen, um so härter aber die Schuldigen trifft.

2. ... Der Boykott ist eine reine Abwehrmaßnahme, die sich ausschließlich gegen das deutsche Judentum wendet.

3. Die Aktionskomitees haben sofort durch Propaganda und Aufklärung den Boykott zu popularisieren. Grundsatz: Kein Deutscher kauft noch bei einem Juden oder läßt von ihm und seinen Hintermännern Waren anpreisen. Der Boykott muß ein allgemeiner sein. Er wird vom ganzen Volk getragen und muß das Judentum an seiner empfindlichsten Stelle treffen. ...

7. Die Aktionskomitees müssen bis in das kleinste Bauerndorf hinein vorgetrieben werden, um besonders auf dem flachen Lande die jüdischen Händler zu treffen. Grundsätzlich ist immer zu betonen, daß es sich um eine uns aufgezwungene Abwehrmaßnahme handelt.

8. Der Boykott setzt nicht verzettelt ein, sondern schlagartig; in dem Sinne sind augenblicklich alle Vorarbeiten zu treffen. Es ergehen Anordnungen an die SA und SS, um vom Augenblick des Boykotts ab durch Posten die Bevölkerung vor dem Betreten der jüdischen Geschäfte zu warnen. Der Boykottbeginn ist durch Plakatanschlag und durch die Presse, durch Flugblätter usw. bekanntzugeben. Der Boykott setzt schlagartig Samstag, den 1. April, Punkt 10 Uhr vormittags ein. Er wird fortgesetzt so lange, bis nicht eine Anordnung der Parteileitung die Aufhebung befiehlt."

**Aufgaben**

1. Mit welchen „Argumenten" begründete Hitler die Judenverfolgung?
2. Forsche nach, ob während des Dritten Reiches in deinem Heimatort Juden lebten. Erkundige dich, wie viele Menschen es waren, welchen Berufen sie nachgingen.
3. In welcher Form sollte der Judenboykott durchgeführt werden?
4. Womit wurde dieser Boykott von der Parteileitung der NSDAP begründet?
5. Befrage nach Möglichkeit noch lebende Zeitzeugen danach, ob und wie sie den Judenboykott erlebt haben.
6. Überlege einmal, wie du reagieren würdest, wenn du ab sofort nicht mehr in einer italienischen Eisdiele oder Pizzeria, in einer türkischen Imbissstube, dem chinesischen oder griechischen Spezialitätenrestaurant einkehren dürftest. Oder wenn es dir verboten wäre, dich von der niederländischen Kinderärztin, dem englischen Orthopäden, dem polnischen Kieferorthopäden oder dem iranischen Krankenhausarzt behandeln zu lassen. Schreibe ein Flugblatt gegen einen solchen Boykott-Befehl.

# Nürnberger Gesetze

Eine weitere Maßnahme gegen die Juden stellten die sogenannten „Nürnberger Gesetze“ dar:
- Reichsbürgergesetz
- Gesetz „zum Schutze des deutschen Blutes und der deutschen Ehre“

## Aus dem Gesetz „zum Schutze des deutschen Blutes und der deutschen Ehre“ vom 15. 9. 1935:

„§ 1. 1. Eheschließungen zwischen Juden und Staatsangehörigen deutschen oder artverwandten Blutes sind verboten. Trotzdem geschlossene Ehen sind nichtig, auch wenn sie zur Umgehung dieses Gesetzes im Auslande geschlossen sind. …

§ 2. Außerehelicher Verkehr zwischen Juden und Staatsangehörigen deutschen oder artverwandten Blutes ist verboten. …

§ 5. 1. Wer dem Verbot des § 1 zuwiderhandelt, wird mit Zuchthaus bestraft.
2. Der Mann, der dem Verbot des § 2 zuwiderhandelt, wird mit Gefängnis oder mit Zuchthaus bestraft. …“

## Aus dem Reichsbürgergesetz vom 15. 9. 1935:

„§ 1. 1. Staatsangehöriger ist, wer dem Schutzverband des Deutschen Reiches angehört und ihm dafür besonders verpflichtet ist. …

§ 2. 1. Reichsbürger ist nur der Staatsangehörige deutschen oder artverwandten Blutes, der durch sein Verhalten beweist, daß er gewillt und geeignet ist, in Treue dem deutschen Volk und Reich zu dienen. …
3. Der Reichsbürger ist der alleinige Träger der vollen politischen Rechte nach Maßgabe der Gesetze. …“

**Aufgaben**

1. Stelle kurz den wesentlichen Inhalt der beiden „Nürnberger Gesetze“ von 1935 dar.
2. Was wollten die Nationalsozialisten mit diesen Gesetzen erreichen?
3. Welche Bedeutung hatten die Bestimmungen dieser Gesetze für die in Deutschland lebenden Juden?
4. Erkläre das Bild links auf diesem Blatt.
   Setze den Text des Schildes, das das Mädchen trägt, und die Bestimmungen des Gesetzes zum Schutz des deutschen Blutes und der deutschen Ehre in Beziehung.

BVK LA21 • Hans-Jürgen van der Gieth: „Leben und Alltag im … Dritten Reich“

# Pogromnacht

Erlebnisbericht einer Betroffenen
Frau Adelheid Hertz, 56 Jahre alt, wohnhaft in Krefeld, Bismarckstr. 100, schildert ihre Erlebnisse in der „Pogromnacht“ vom 9. auf den 10. 11. 1938. Zur Zeit ihrer Schilderung befindet sie sich bereits in New York.

„New York, den 25. 1. 39

Meine Lieben,
jetzt sollt Ihr endlich den Bericht über die Vorgänge jener Nacht vom 9. zum 10. 11. 38 haben. Betty und Lore T. waren den ganzen Tag bei mir, da man Leo T. schon morgens abgeholt hatte. Sie blieben auch nachts. Es gingen tolle Gerüchte, aber gleichzeitig wurde halbstündlich im Radio die Extrameldung durchgegeben, daß Goebbels alle Einzelhandlungen etc. verböte. – Gegen 1 Uhr nachts legten wir uns zu Bett. Lore im kleinen Salon, Betty im Herrenzimmer, Türen durcheinander offen. Punkt 1/2 2 Uhr nachts ein schrilles Klingeln. Alles sprang hoch, stürzte ins Entree und – schon ging es los.
Man wollte die Türen einschlagen. Nachdem geöffnet war, quoll uns eine braune Flut entgegen, SA und 3 oder 4 SS. Wieviele es im ganzen waren, ist schwer zu sagen, aber alleine in unsere Wohnung kamen ca. 20 Mann und ebensoviele mindestens verteilten sich auf die beiden anderen Stockwerke. Sie traten sämtliche Zimmer ein und ergossen sich ohne weiteres in sämtliche Zimmer, wo sie wie die Verrückten von einer Ecke in die andere hin und her liefen. Telefon wurde sofort abgeschnitten, Radio – meines und Helmuts – zertrümmert. Zuerst sah ich mir dies an, dann fragte ich vorsichtig, ironisch überkorrekt: ‘Verzeihung, was oder wen suchen Sie, vielleicht kann ich Auskunft geben.’ Keine Antwort. Das blödsinnige Laufen von je 2 Mann in jedem Zimmer hörte nicht auf.

**Stichwort: Pogromnacht**
In der Nacht vom 9. auf den 10. 11. 1938 zerschlugen die Nazis die Fensterscheiben jüdischer Geschäfte und Einrichtungen, zündeten die Synagogen in ganz Deutschland an. Dies war ein Racheakt für die Ermordung eines deutschen Botschaftssekretärs in Paris durch einen Juden. Insgesamt wurden in der Pogromnacht, die auch wegen des zerbrochenen Glases als „Kristallnacht“ bezeichnet wurde, 91 Juden getötet, zahlreiche verletzt und verhaftet. Die Juden mussten den Schaden, den die Nazis in dieser Nacht angerichtet hatten, selber bezahlen.

Achselzuckend ergab ich mich, zumal Maria Blut schwitzte vor Angst, ich könnte mal etwas Unvorsichtiges sagen. Frau Betty und Lore engumschlungen standen zitternd mit Jacoba in meinem Schlafzimmer. Maria und ich standen oder saßen auf den Sessellehnen des Sessels, der an der Schlafzimmertüre stand. Plötzlich hieß es: ‘Alle in dieses Zimmer’, (Schlafzimmer) und nachdem dies geschehen, erschien ein Zivilist und fragte einen SA-Mann: ‘Ist alles so weit?’ Als dies bejaht wurde, schnauzte der Zivilist uns in gröbster Weise an: ‘Ist dies die Familie?’ Als er keine Antwort erhielt, stellte er die Frage noch einmal. Ich sagte: ‘Familie? Ich bin alleinstehend, dies ist meine Freundin mit Tochter und dies sind meine Hausgehilfinnen.’

Und nun entspann sich folgende Conversation:
‘Hausgehilfinnen? Pah, Judenknechte. Pfui! (Und dabei spuckte er aus) Und wo ist der Jude?’
Keine Antwort. Frage in drohendem Tone wiederholt: ‘Wo ist der Jude?’
‘Hier ist kein Jude!’ ‘So, und was sind sie?’
‘Jüdin!’
‘Wo ist ihr Mann?’
Mit Inbrunst: ‘Gott sei Dank, seit langem tot!’
‘Kinder?’
‘Oja, vier Söhne.’
‘Wo sind die Judenschweine?’

## Pogromnacht

'Nicht in Deutschland.'
Mit gut gespielter Entrüstung und mit einer Träne in der Stimme: 'Und die arme alte Mutter haben diese Kanaillen alleine und elend, hilflos zurückgelassen?'
'Weder elend noch hilflos.'
'Ich hätte allerdings meine arme alte Mutter nicht so dem Elend preisgegeben. Aber – Juden!!! (Ausspucken) Keiner verlässt das Zimmer. Es passiert Ihnen nichts, wir sind human.'
Damit ging er in die Halle. Wir sahen uns an, wortlos und dann – dann ging es los.
Mit Äxten, Hämmern und Beilen wurde alles zertrümmert. Sämtliche Kronleuchter, Fensterscheiben, Möbelstücke, kurz und klein geschlagen. Sofas etc. wurden zerschnitten. Inhalt der Schränke, des Schreibtisches etc. herausgerissen und unbrauchbar gemacht. Der kleine Salon: Der Schreibtisch, Bücherschrank von Grossmutter, rote Couch, Porträts, – alles ein einziger Trümmerhaufen. Teppich zerschnitten, vom Prismenkronleuchter nicht eine einzige Prisme mehr ganz.
Herrenzimmer: Der grosse eingebaute Bücherschrank aus der Wand gerissen, zerschlagen, der Schreibtisch zu Brandholz zerkleinert, Inhalt – ca. 1 100 RM – nicht mehr auffindbar. Marmorkamin in Trümmer. Sofa und Sessel, Teppiche nur teilweise, zerschnitten und unbrauchbar. Bronce, wie der Sieger und das alte französische Schreibzeug – unser Stolz – total zerschlagen. Gardinen zerrissen.
Speisezimmer: Eckschrank mit dem wertvollen antiken Porzellan, also dem gesamten Inhalt, zerkleinert. Alle 12 Stühle unbrauchbar.
Anrichte: Alle Schränke entleert, Inhalt zertreten. ...
Es war ein grauenvoller Anblick, der sich uns um 4 Uhr nachts bot. Doch nun zurück zu uns. Was wir, während dies alles vor sich ging, durchlebten, lässt sich natürlich nicht in einem Brief niederschreiben. Wir waren einfach gelähmt. Nur Jacoba hatte den einzig richtigen Gedanken: Rolladen hoch, damit wir evtl. in den Garten fliehen können. Wie lange die Prozedur dauerte, weiss ich nicht zu sagen, jedenfalls wurde plötzlich die Tür aufgerissen und herein stürmte diese entmenschte Horde.
Der Anführer, wenigstens hielt ich diesen erwähnten Zivilisten dafür, kam teuflisch grinsend mit funkelnden Augen, händereibend auf uns zu und fragte mit höhnender Stimme: 'Nun, meine Damen, wie fühlen sie sich nun?' Es erfolgte keine Antwort. 'Ach, meine Damen, es geht Ihnen immer noch nicht gut – dann – dann wollen wir mal!' Und damit nahm er einen Stuhl und fängt an, im Schlafzimmer alles zu zerschlagen. Jacoba reisst die Türe auf und schreit: 'Raus, kommen sie alle, Gnädige Frau, bitte, kommen Sie doch!'
Der Kerl springt hin und brüllt: 'Jawohl, raus mit Euch Gesindel!' Er erwischt Betty T. und die bekommt einen Schlag ins Genick, dass sie fast ohnmächtig von den anderen hinausgeschleppt werden mußte. Und ich – stehe mitten im Schlafzimmer, von diesen die Möbel zertrümmernden Bestien umgeben, jetzt wirklich hilflos dem Pack ausgeliefert, mit zitternden Knien und doch wie gelähmt und sehe den schrecklichen Kerl mit erhobenen Fäusten auf mich zukommen. In diesem Moment überkam mich plötzlich eine eiserne Ruhe, eine Gleichgültigkeit, eine merkwürdige Stimmung – ich kann sie nicht beschreiben! Ich hatte das Gefühl, immer länger und länger zu werden. Um Gottes willen, sagte ich mir, dem Kerl nur keine Angst zeigen. Ich sah ihm ruhig entgegen und, da der Kerl vorhatte mich niederzuschlagen, denn er kam mit erhobener Faust und einem Gesichtsausdruck, der das Schlimmste befürchten ließ, auf mich zu, muß es wohl in meinem Blick gelegen haben, was ihn bändigte. Vielleicht kam ihm im Moment die Erinnerung daran, dass er auch einmal ein Mensch w a r, jedenfalls liess er dicht vor mir stehend die Faust sinken und sagte: 'Sie mit Ihrer erhabenen Ruhe, werden auch noch einmal das Laufen lernen. Machen Sie sich raus! Rrrraus!'"
Und ich ging – langsam und bedächtig, weil ich nicht anders konnte, Schritt für Schritt, immer in Todesangst, jetzt wird dir auf der Flucht etwas passieren, raus in den Garten, wo vier angsterfüllte Menschen mich aufatmend empfingen.
Schon flog auch der Inhalt meines Kleider- und Wäscheschrankes hinter mir her über die Brüstung auf das

## Pogromnacht

Blumenbeet, ein Hüne von einem SA-Mann warf mir ein Streichholz zu und schrie: 'Du Judensau, verbrenne Deinen Plunder.' Als er sah, dass ich dieser freundlichen Aufforderung nicht nachkam, kam er näher, nahm eine drohende Haltung an und wollte mich nun, indem er mich mit unflätigen Worten beschimpfte und bedrohte, zwingen, mein letztes Hab und Gut zu verbrennen. Ehe ich mich entschliessen konnte, was ich tun sollte, war es wieder Jacoba, die einen rettenden Gedanken hatte. Sie zupfte den Kerl am Ärmel und sagte: 'Sie, ich bin arisch und Holländerin, ich will meine Papiere aus dem Haus haben.' Der Kerl ließ daraufhin ab von mir, dreht sich um und geht mit beiden ins Haus und war konsterniert, denn auch Maria hatte gesagt, dass sie arisch sei und ihre Sachen haben wollte, dass eine Ausländerin in Mitleidenschaft gezogen war. Betty zog mich dann ins Gebüsch und wir blieben eng an die Wand gedrückt, frierend, da nur notdürftig bekleidet, dort stehen. Hin und wieder kamen SA-Patrouillen durch den Garten, hin und wieder wurden Bemerkungen gemacht, wie: 'Aha, da sind sie ja, die Judensäue, die Judenhuren und dergl. mehr, aber so etwas hörten wir schon gar nicht mehr. Aus der ersten Etage hörten wir Geschrei. Die alte Dame war Gott sei Dank verreist, aber ihre Tochter und ein Verwandter wohnte dort. Beide wurden übel zugerichtet und flohen im Nachthemd durch den Garten über die Mauer in einen anderen Garten, wo sie die Nacht verweilten. Dann wurde es auch in der 2. Etage hell und dort begann die gleiche Zerstörung. …" (veröffentlicht in: Der große Pogrom, die „Kristallnacht" in Krefeld, zusammengestellt von Aurel Billstein, Krefeld, 1978, 2. Aufl., S. 61–64)

**Zur Abwehr!**

**Der Jude lügt,** in Deutschland würden Angehörige des jüdischen Volkes grausam zu Tode gefoltert.

**Der Jude lügt,** es würden diesen Juden die Augen ausgebrannt, die Hände abgehackt, Ohren und Nasen abgeschnitten, ja, selbst die Leichen würden noch zerstückelt.

**Der Jude lügt,** es würden in Deutschland selbst jüdische Frauen in grauenvoller Weise getötet und jüdische Mädchen vor den Augen ihrer Eltern vergewaltigt.

Der Jude verbreitet diese Lügen in derselben Weise und zu demselben Zwecke, wie er das auch während des Krieges getan hatte. Er will die Welt gegen Deutschland aufwiegeln.

Darüber hinaus fordert er zum

**Boykott deutscher Erzeugnisse**

auf. Er will damit das Elend der Arbeitslosigkeit in Deutschland noch vergrößern, er will den deutschen Export ruinieren.

Deutsche Volksgenossen! Deutsche Volksgenossinnen!

Die Schuldigen an diesem wahnwitzigen Verbrechen, an dieser niederträchtigen Greuel- und Boykott-Hetze sind die

**Juden in Deutschland**

Sie haben ihre Rassegenossen im Ausland zum Kampf gegen das deutsche Volk aufgerufen. Sie haben die Lügen und Verleumdungen hinausgemeldet. Darum hat die Reichsleitung der deutschen Freiheitsbewegung beschlossen, in Abwehr der verbrecherischen Hetze

**ab Samstag, den 1. April 1933** vormittags 10 Uhr

über alle jüdischen **Geschäfte, Warenhäuser, Kanzleien** usw.

den **Boykott** zu verhängen.

Dieser Boykottierung Folge zu leisten, dazu rufen wir Euch, deutsche Frauen und Männer, auf!

*Kauft nichts in jüdischen Geschäften und Warenhäusern!*

*Geht nicht zu jüdischen Rechtsanwälten! Meidet jüdische Aerzte!*

Zeigt den Juden, daß sie nicht ungestraft Deutschland in seiner Ehre herabwürdigen und beschmutzen können.

**Wer gegen diese Aufforderung handelt, beweist damit, daß er auf der Seite der Feinde Deutschlands steht.**

Es lebe der ehrwürdige Generalfeldmarschall aus dem großen Kriege, der Reichspräsident **Paul von Hindenburg!**

Es lebe der Führer und Reichskanzler **Adolf Hitler!**

Es lebe das **Deutsche Volk** und das heilige **Deutsche Vaterland!**

Plakat Nr. 1

Zentral-Komitee zur Abwehr der jüdischen Greuel- und Boykotthetze.

gez.: Streicher.

**Aufgaben**

1. Der Brief von Frau Adelheid Hertz zeigt sehr anschaulich, wie die Nazis in der Reichspogromnacht gegen die Juden und deren Eigentum vorgegangen sind.
   Welche Persönlichkeitsrechte sind von den Nazis missachtet worden?
2. Von den verbrecherischen Taten der Nazis in der Reichspogromnacht haben selbstverständlich auch viele Nichtjuden erfahren. Sie waren oftmals Zeugen der Terrorakte. Und die meisten haben geschwiegen, haben den Juden nicht geholfen, schauten weg. Kannst du dir dieses Verhalten erklären? Versuche, dich in die Lage der damaligen Nichtjuden zu versetzen. Obwohl diese Frage nur sehr schwer zu beantworten ist, versuche es trotzdem: Wie – glaubst du – hättest du dich verhalten? Übertrage die damalige Situation auf die heutige Zeit.
3. Der auf den vorausgehenden Seiten abgedruckte Brief ist in einer Schrift erschienen, die sich mit der Reichspogromnacht in einer deutschen Stadt, in Krefeld nämlich, beschäftigt. So wie hier könntest du auch die Ereignisse des Judenpogroms in deiner Heimatstadt erforschen. Im Archiv gibt es bestimmt entsprechendes Material. Ansonsten musst du eventuell noch lebende Zeitzeugen befragen.

## Schwierige Freundschaft

„Wir liefen die Straße entlang. Friedrich hielt sich bei der Hauswand; ich blieb auf dem Bordstein. Ich warf den kleinen Vollgummiball, den ich im Schuhgeschäft geschenkt bekommen hatte. Er prallte von der Mitte des Gehsteigs hoch und flog Friedrich zu. Friedrich fing ihn auf und spielte ihn mir wieder zurück. 'Mein Vater kommt gleich heim!' rief Friedrich. 'Ich muß bald nach Hause. Wir kaufen heute groß ein. Vielleicht bekomme ich auch irgendwo einen Ball geschenkt!'
Ich nickte und sprang über einen Kanaldeckel. Weil uns ein Fußgänger entgegenkam, setzte ich mit dem Werfen kurz aus. Kaum war der Mann vorüber, da schleuderte ich Friedrich den Ball wieder zu. Friedrich hatte nicht aufgepaßt. Es klirrte. Scherben fielen. Der Ball rollte harmlos über den Gehsteig zu mir zurück. Friedrich starrte mit offenem Mund auf die zertrümmerte Scheibe des Schaukastens. Ich bückte mich nach dem Ball und begriff noch immer nicht, was geschehen war. Da stand plötzlich die Frau vor uns. Sie faßte Friedrich beim Arm und zeterte los. Auf ihr Geschrei hin wurden die Türen und Fenster in der Nachbarschaft geöffnet. Neugierige sammelten sich. 'Diebe! Einbrecher!' schrie die Frau. Ihr Mann stand mit den Händen in der Hosentasche vor der Ladentür. Unbekümmert rauchte er seine Pfeife. 'Dieser Judenlümmel', verkündete die Frau allen, die es hören wollten, 'drückt mir den Schaukasten ein; will meine Ware stehlen.' Dann wandte sie sich wieder Friedrich zu: 'Aber das ist dir noch einmal danebengegangen. Ich bin wachsam. Dich kenne ich, du wirst mir nicht entwischen. Euch Judenpack, ausrotten sollte man euch. Erst richten sie einem das Geschäft zugrunde mit ihren großen Kaufhäusern, dann bestehlen sie einen auch noch! Wartet nur, der Hitler wird es euch schon zeigen!' Wild schüttelte sie Friedrich hin und her.
'Aber er ist es doch gar nicht gewesen!' rief ich dazwischen. 'Ich habe den Ball geworfen; ich habe die Scheibe zerbrochen. Wir wollten nicht stehlen!'
Mit großen, dummen Augen guckte die Frau mich an. Sprachlos öffnete sie den Mund." (aus: Hans-Peter Richter: Damals war es Friedrich, München, 1996, 36. Aufl., S. 42 / 43)

**Aufgaben**

1. In dem Roman von Hans Peter Richter wird die Freundschaft zwischen einem arischen und einem jüdischen Jungen während der Nazizeit beschrieben. In der Szene mit dem Ball sehen wir eine „typische" Reaktion vieler Menschen damals: Das Verhalten der Ladenbesitzerin. Beschreibe ihr Verhalten. Begründe, wie sie sofort zu ihrem Urteil kommt.
2. Berichte von ähnlichen Erlebnissen / Ereignissen.
3. Male zum Text drei treffende Bilder in die Kästen.

# Angesteckt

Im Roman „Damals war es Friedrich“ schildert Friedrichs Freund seine „Erlebnisse“ beim Judenpogrom: „... Die vordersten flogen ins Haus. Die nächsten stolperten über Trümmer hinweg. Der Rest drängte nach. Auch mich riß es mit. Als ich drinnen zum erstenmal stehenblieb und mich umschaute, krachte und bumste es schon von überallher. Während ich mit meiner Schultasche die Treppe hochstieg, sausten neben mir Nachtschränke durch den Treppenschacht abwärts und zerbarsten unten.
Das alles war so seltsam erregend.
Niemand hinderte die Zerstörung. Von den Hausbewohnern war keiner zu sehen: leere Flure, leere Räume. In einem Schlafraum hockte die Schimpferin. Mit einem Kartoffelmesser schlitzte sie Matrazen auf. Aus einer Wolke von Staub lächelte sie mir zu. 'Kennst du mich nicht mehr?' fragte sie quäkend. Ich überlegte; dann verneinte ich. Sie lachte laut auf: 'Jeden Morgen bringe ich euch die Zeitung!' Mit dem Handrücken wischte sie sich über das Gesicht. Dann wirbelte sie die zerschlitzte Matraze aus dem Fenster. 'Komm, hilf mit!' forderte sie mich auf. Ein älterer Mann war über einen Werkzeugschrank geraten. Er stopfte sich alle Taschen voll. Mir drückte er einen Hammer, einen ganz neuen Hammer in die Hand. Zuerst spielte ich nur mit dem Hammer. Ohne darauf zu achten, schwang ich ihn aus dem Handgelenk einmal hin, einmal her. Irgendwo stieß ich dabei an – eine Scheibe zerklirrte unter meinem Schlag. Sie gehörte zu einem zerbrochenen Bücherschrank.
Ich erschrak. Aber gleich darauf erwachte meine Neugier; zart klopfte ich gegen eine bereits geplatzte Scheibe; scheppernd fiel sie aus der Fassung. Nun machte es mir bereits Spaß. Gegen die dritte Scheibe hieb ich so fest, daß die Splitter spritzten. Nun bahnte ich mir mit dem Hammer den Weg durch die Flure. Was mir den Weg versperrte, schlug ich beiseite: Stuhlbeine, umgestürzte Schränke, Glas. Ich fühlte mich so stark! Ich hätte singen können, so berauschte mich die Lust, mit meinem Hammer zu wirken. Ich fand die Tür zu einem kleinen Unterrichtsraum, den vor mir anscheinend noch niemand heimgesucht hatte. Neugierig schaute ich mich um. Am liebsten hätte ich dabei vor mich hingegrölt. Beim Umdrehen stieß ich mit meiner Schultasche gegen eine Reißschiene. Sie fiel vom Pult. Ich beachtete es nicht und trat darauf. Mit lautem Knall zerbrach sie. Das klang wie ein Schuß. Ich stutzte.
An der Wand hingen noch viele Reißschienen, große und kleine. Ich nahm eine andere und wiederholte das Knallen. Diesmal tönte es tiefer. Eine Reißschiene nach der andern bog ich durch, bis sie zerbrach. Und ich genoß, daß jede einen anderen Ton gab. Als ich keine Reißschiene mehr fand, nahm ich meinen Hammer wieder vom Pult. Ich trommelte damit auf den Pulten herum und durchsuchte alle Schränke, Schubladen und Fächer im Raum. Aber ich entdeckte nichts mehr, was meiner Zerstörungswut hätte zum Opfer fallen können. Enttäuscht wollte ich den Raum verlassen. Bei der Tür schaute ich mich noch einmal um. An der gegenüberliegenden Wand stand eine große Schultafel. Ich holte aus und schleuderte den Hammer gegen die Tafel. Er traf sie in der Mitte. Der Kopf blieb stecken. Wie ein Kleiderhaken ragte der helle Stiel aus der schwarzen Fläche. Auf einmal fühlte ich mich müde und ekelte mich. Ich lief heim.“ (Hans Peter Richter: Damals war es Friedrich, München, 1996, 36. Aufl., S. 90 / 91)

**Aufgaben**

1. Friedrichs Freund zeigt in der oben beschriebenen Szene ein ungewöhnliches Verhalten. Kannst du dir erklären, wieso? Was geht in ihm vor? Wodurch wird er plötzlich so aggressiv und gewalttätig und genießt offenbar dieses Gefühl?
2. Wie erklärst du es dir, dass sich der Junge am Ende müde fühlte und sich ekelte?
3. Kennst du Situationen, in denen es dir ähnlich ergangen ist? Beschreibe sie.
4. Male in den Kasten ein typisches Bild, das dich eventuell in einer ähnlichen Situation zeigt.

# RAD: Arbeitsbeschaffung und Kriegsvorbereitung

Als Hitler die Macht in Deutschland übernahm, herrschte hohe Arbeitslosigkeit. Er gründete am 27. 6. 1933 das „Unternehmen Reichsautobahn", das allerdings nicht seine Erfindung war, sondern mit dem bereits während der Weimarer Republik begonnen worden war. Wohl setzte die Hitler-Regierung die vorgefundenen Anregungen mit großer Energie in die Tat um. Mit den Autobahnen, die vor allem unter militärstrategischen Überlegungen angelegt wurden, begann die Arbeitsbeschaffung in den Dienst militärischer Vorbereitungen zu treten. Die geheime Wiederaufrüstung, die bereits im Herbst 1933 begann, gab weiteren Arbeitskräften Beschäftigung.

**„Alle jungen Deutschen beiderlei Geschlechts sind verpflichtet, ihrem Volke im Reichsarbeitsdienst zu dienen. Er soll die deutsche Jugend im Geiste des Nationalsozialismus zur Volksgemeinschaft und zur wahren Arbeitsauffassung, vor allem zur gebührenden Achtung der Handarbeit erziehen." (RAD-Führer Hierl, 1932)**

Der freiwillige Arbeitsdienst der Weimarer Republik wurde erweitert und vom Staat übernommen. Arbeitslose wurden zu gering bezahlten Notstandsarbeiten verpflichtet. Hier mussten sie, ähnlich wie beim späteren Pflicht-Arbeitsdienst, Arbeiten verrichten, die keinen unmittelbaren Gewinn abwarfen. Dazu gehörten Urbanisierungsarbeiten (= städtebauliche Arbeiten), Deichbauarbeiten, Bau von Straßen und Talsperren.

**„Die gemeinsame Arbeit an der Arbeitsstätte, das gemeinsame Leben im Lager reißen die alten Klassenschranken nieder, lassen Klassenhochmut und Klassenhaß nicht aufkommen." (aus: Baldur von Schirach, Die Hitler-Jugend. Idee und Gestalt, Leipzig, 1936)**

„Die Wehrpflicht dauerte damals zwei Jahre, denen noch ein halbes Jahr beim Reichsarbeitsdienst vorausging. Und es war ausgerechnet der RAD (Abkürzung für „Reichsarbeitsdienst". Anm. d. Verf.), der meine innere Ablehnung der Nazis verstärkt und beschleunigt hat. In meinem Arbeitslager in Reitbrook in den Vierlanden, wo wir einen Deich an der Dove Elbe bauten, kam ich nämlich unter den sehr bewußten, zielgerichteten Einfluß eines Kommunisten, durch den ich beinahe selber zum Kommunisten geworden wäre; er war einige Jahre älter und erheblich erwachsener als ich und hatte als Seemann die Welt gesehen. Hinzu kam noch etwas anderes: Der politische Unterricht in unserem Lager war effektiv schwachsinnig; der RAD-Feldmeister trug uns primitivste Nazi-Ideologie vor, die er mit offenbar angelesenen, aber nicht verstandenen Beispielen aus der Geschichte anzureichern versuchte. Das stank vielen von uns; ich dachte: Genau das Gegenteil muß man glauben!" (aus: Helmut Schmidt: Politischer Rückblick auf eine unpolitische Jugend. In: Schmidt , Helmut (Hrsg.): Kindheit und Jugend unter Hitler, Berlin, 1998, S. 234 / 235)

**Aufgaben**

1. Mit welchen Argumenten wurden junge Menschen zum Arbeitsdienst verpflichtet?
2. Wie beurteilt Helmut Schmidt (ehemaliger Bundeskanzler) seinen Arbeitsdienst?
3. Wäre es sinnvoll, Jugendliche heute ebenfalls zu einem solchen Dienst heranzuziehen?
4. Vergleiche den Arbeitsdienst der Nazizeit mit dem heutigen Wehrersatzdienst (Zivildienst).

# Zum Reichsarbeitsdienst nach Teterow

„Im Juni 1943 wurde ich zum Reichsarbeitsdienst eingezogen. Meine Eltern waren nicht begeistert davon, da ich ja auch schon etwas verdiente und zudem auch erst knapp 19 Jahre alt war. Aber anderen ging es genauso und man konnte auch nichts dagegen tun.
Ich fuhr also nach Teterow in Mecklenburg. Meine Schwester brachte mich bis Hamm in Westfalen. Von da aus ging der Zug bis Hamburg, dort musste ich umsteigen und sehen wie ich weiter kam. In Teterow waren wir in einem Barackenlager untergebracht. Weil dort alles junge Leute waren, habe ich mich ganz gut eingelebt. Doch das Lagerleben gefiel mir eigentlich nicht. Es ging oft ganz streng und militärisch zu. Und ich mochte lieber tun und lassen was ich wollte. Aber die Leiterinnen wussten das schon zu verhindern.

**Stichwort: Reichsarbeitsdienst (RAD)**
Ab 1935 zwangsweiser Arbeitseinsatz männlicher und weiblicher Jugendlicher. Der Arbeitsdienst dauerte ein halbes Jahr. Er diente zunächst der Urbarmachung von Land, z. B. Trockenlegung von Mooren, Anlegen von Deichen. Später wurde er zunehmend für militärische Zwecke genutzt: Bunkerbau u. Ä.)

Nach sechs Wochen Lagerleben wurde ich dann zu einer Bauernfamilie verpflichtet. Ich brauchte Gott sei Dank nicht auf dem Feld arbeiten, sondern musste im Hause helfen. Den ganzen Tag über war ich bei der Bauernfamilie und am Abend musste ich wieder ins Lager, denn auf unserer Arbeitsstelle durften wir nicht übernachten. Ich denke, so konnten sie uns besser überwachen.
Meine Schwester hat mich auch einmal besucht. An dem Sonntag sind wir nach Rostock an die See gefahren zum Schwimmen.
Das war eine schöne Abwechslung.

Nach einem halben Jahr wurden wir nach Meyenburg in die Pregnitz verlegt. Dort kamen wir zur Luftwaffe in ein Barackenlager, in dem sich auch Soldaten befanden. Hier mussten wir nach einer kurzen Ausbildung militärischen Dienst verrichten. Diese Zeit dauerte noch einmal sieben Monate. Manchmal war es hart. So mussten wir mit Gasmasken marschieren und schwere Arbeit tun. Aber wir haben auch schöne Stunden verlebt. Mit dem wenigen, was wir hatten, haben wir Geburtstage oder Weihnachten gefeiert. Im Sommer 1944 wurden wir plötzlich entlassen." (aus: Margarete van der Gieth: Ich erinnere mich ..., private Aufzeichnungen)

**Aufgaben**

1. Wie wird der Arbeitsdienst beschrieben?
2. Welchem Zweck diente der Arbeitsdienst?

## Konzentrationslager

Das menschenverachtende Unrechtssystem der Nazis im Dritten Reich wird ganz besonders an der Einrichtung der Konzentrationslager deutlich. Wie kaum ein anderer Bereich zeigen die Verhältnisse in den Konzentrationslagern das nationalsozialistische Terrorsystem mit all' seinen Perversionen, mit all' seiner bürokratischen Genauigkeit, die in der Menschheitsgeschichte einzigartig ist. Von den alltäglichen Übergriffen und Verstößen gegen grundlegende moralische und ethische Prinzipien bis hin zur Vernichtung der Juden, Sinti und Roma, der Tötung von politischen Gefangenen usw.: Die Konzentrationslager stellten ein unvergleichliches Sammelbecken der Unmenschlichkeit dar. Zum Alltag in einem KZ (so die gängige Abkürzung) gehörten grausame und menschenverachtende Strafen. Dabei reichten diese von Essensentzug über Stehen auf dem Appellplatz sowie Strafexerzieren bis hin zu den verschiedensten Formen der Tötung.
Eugen Kogon hat über das System der Konzentrationslager ein beeindruckendes Buch geschrieben: „Der SS-Staat", aus dem die folgenden Ausführungen stammen:
Die Prügelstrafe „wurde auf dem sogenannten Bock vollzogen, einem besonders gebauten und eingerichteten tischähnlichen Holzgestell, auf dem der Delinquent („Täter". Anm. d. Verf.), auf dem Bauche liegend, den Kopf tiefer, das Gesäß hoch herausgespannt und die Beine unten nach vorne gezogen, festgeschnallt wurde. Der Bock war in allen Lagern ein bekanntes Exekutionsinstrument. Die Verfeinerungen, die an der buchenwalder Ausführung angebracht waren, stammten von einem Häftling, der sie der SS vorgeschlagen und auch den Auftrag zur fachmännischen Fertigstellung erhalten hat! Verabreicht wurden 5 bis 25 Hiebe mit Stock, Peitsche oder Ochsenziemer, in einem Zeitraum von vierzehn Tagen bis zu viermal wiederholbar. Am 4. April 1942 hat der Chef der Amtsgruppe D ein Rundschreiben folgenden Wortlautes erlassen: 'Der Reichsführer-SS und Chef der Deutschen Polizei hat angeordnet, daß bei seinen Verfügungen von Prügelstrafen (sowohl bei männlichen als auch bei weiblichen Schutz- und Vorbeugungshäftlingen), wenn das Wort 'verschärft' hinzugesetzt ist, der Strafvollzug auf das unbekleidete Gesäß zu erfolgen hat. ...'

Zur Durchführung der Prügelstrafe wurden die Scharführer, soweit sie sich nicht mit Lust und Liebe freiwillig meldeten, kommandiert. Zeigte einer dabei Regungen von Mitleid oder nicht genügend Schwung, so sprang ein 'Fachmann' mit sachkundiger Hand ein; die Sachkenntnis bewährte sich besonders in zielsicheren Nierenschlägen. Der Lagerarzt wohnte dem Vorgang bei. Es sind nur ganz wenige Fälle bekannt, in denen die Lagerärzte zugunsten der Häftlinge die Verabfolgung weiterer Schläge beendet haben. Wohl hingegen kam es häufiger vor, daß sie dem Geschundenen das zerfetzte Gesäß mit Jod einpinselten! Nach der Auspeitschung mußte der Delinquent meist 50 bis 150 Kniebeugen machen, 'um die Muskulatur zu stärken'.
Zeitweise hat man die Häftlinge gezwungen, selbst die Prügelstrafe an ihren Kameraden zu vollziehen. Es gab einige, die nicht den Mut hatten, die Folgen einer Weigerung auf sich zu ziehen, gelegentlich auch andere, die sich nicht ungern zur Verfügung stellten. Politische weigerten sich entweder überhaupt oder schlugen so, daß es der SS durchaus nicht paßte. Sie wurden dann entweder zur gleichen Strafe verurteilt oder auf andere Art 'mürbe' gemacht.
Die Prozedur erfolgte meist vor der gesamten Belegschaft des KL (Konzentrationslagers. Anm. d. Verf.) am Abend auf dem Appellplatz. Der Bock wurde von vier Mann wie ein Thronsessel hocherhoben herangetragen und auf

## Konzentrationslager

einen großen Steinhaufen gestellt, den der Delinquent oder die Delinquenten hintereinander zu erklettern hatten. Durch den Lautsprecher wurden der Name, der angebliche Strafgrund und das Strafmaß in der rüdesten Form bekanntgegeben. Es gab Hunderte, die keinen Schmerzenslaut von sich gaben, wenn sie geprügelt wurden, andere wieder, deren Schreien und Jammern über den Appellplatz hallte. Paßte der Lagerführung das Geschrei nicht, so ließ sie die Lagermusikkapelle einen Begleitmarsch spielen. Sturmbannführer Rödl hat es in Buchenwald fertiggebracht, einen Opernsänger neben dem Bock aufzustellen und zu der Vorstellung Arien singen zu lassen.

Zuweilen machten sich die SS-Führer aus der Prügelstrafe eine Art Privatvergnügen. Der buchenwalder Rapportführer Wehrle, der allgemein als gut galt, fragte einmal seinen Spießgesellen Hofschulte – einen der meistgehaßten SS-Leute dort ... –, ob er Lust habe, drei Häftlingen je 25 zu geben. 'Selbstverständlich, dazu habe ich immer Lust!' antwortete Hofschulte. Er benutzte abwechselnd einen Stock und einen Ochsenziemer. Einmal waren 15 Häftlinge zur Prügelstrafe bei ihm bestellt. Sein Häftlings-Leibfriseur war zum Rasieren gerufen und wohnte der Szene bei. Hofschulte und ein zweiter Oberscharführer waren trotz großer Kälte nur mit Hemd und Hose bekleidet und schwitzten sehr. 'Die Hunde machen uns heiße Arbeit', meinte er. (Dieser Rapportführer war übrigens wie so mancher andere SSler verkrachter Volksschullehrer.) ...

Noch gefürchteter als der Bock war das Baumhängen. Die Strafe wurde wie alle anderen völlig willkürlich verfügt. Jemand war zum Beispiel dabei erwischt worden, wie er heimlich rauchte oder während der Arbeitszeit in den Block austreten ging. Das 'Baumhängen' vollzog sich folgendermaßen: Die Hände wurden mit einem Strick auf dem Rücken des Häftlings eng zusammengebunden, dann der Körper hochgehoben und die Fessel an einen Nagel gehängt, der in zwei Meter Höhe in einen Baum oder Pfosten eingeschlagen war, so daß die Füße frei in der Luft hingen. Das ganze Körpergewicht lastete also an den nach hinten gebogenen Gelenken. Ausrenkung der Schultergelenke unter furchtbaren Schmerzen war die Folge. Jammern, Schreien und Wehklagen erfüllten schauerlich die Umgebung. Nicht selten wurden die hilflosen Opfer noch überdies mit Knüppeln oder Gerten auf Füße, Gesicht und Geschlechtsteile geschlagen. Die bis zum Wahnsinn Gemarterten schrien nach Wasser, nach Frau und Kindern, nach einer Kugel, die der Qual ein Ende bereiten sollte. Ohnmächtige wurden mit Kaltwassergüssen wieder zum Bewußtsein gebracht. Das Baumhängen dauerte zwischen einer halben und vier Stunden. Wer dabei nicht zugrunde ging, hat fast immer einen schweren Schaden für Lebenszeit davongetragen. ...

Auch das Strafexerzieren, das jeweils ganze Kommandos und Blocks betraf, haben viele begreiflicherweise nicht durchgestanden. ... 'Erzieht euch eure Leute selbst' sagte die Lagerführung zu den Blockführern, wenn diese eine Meldung machten, und gab ihnen damit den Freibrief zum Sadismus. Hinlegen – Auf – Marsch, Marsch – Hüpfen – Springen – Rollen, allein, zu zweit, alle den Appellplatz hinunter und wieder hinauf! Dabei schlugen und trampelten die Scharführer, was das Zeug hielt, liefen mit ihren schweren Stiefeln über die am Boden liegenden Menschen. Besonders auf die Schwachen hatten sie es abgesehen. Wer den Laufschritt nicht durchhielt, torkelte und hinfiel, war immer in Gefahr, zu Tode gemartert zu werden. ...
Zum Weihnachtsabend 1938 hatte die buchenwalder SS für die Häftlinge eine besondere Überraschung vorbereitet. Auf dem schneebedeckten Appellplatz war ein Galgen errichtet worden. Nach dem Zählappell teilte der Kom-

## Konzentrationslager

mandant durch den Lautsprecher mit, daß auf Befehl des Reichsführers-SS der politische Häftling Forster aufgehängt werde. Forster war im Mai 1938 nach Niederschlagung eines SS-Wachtpostens mit einem anderen Häftling zusammen geflohen. Der zweite war bald darauf wieder eingefangen und wie ein erlegtes Wild an eine Tragstange gebunden zurückgebracht worden. Forster jedoch war es gelungen, in die Tschechoslowakei zu gelangen, die ihn aber – wegen Mordes an einem SS-Mann! – dem Dritten Reich wieder ausgeliefert hat. Vor den Augen des gesamten strafstehenden Lagers wurde Forster zum Galgen geführt und gehenkt. Der Galgen blieb noch lange auf dem Appellplatz als warndendes und abschreckendes Zeichen dafür, daß es für einen Flüchtling keine Chance des Entrinnens gebe, stehen. …
Die Todesstrafe hatte viele Formen in den KL. Wenn sie nicht offiziell verhängt und durch Erschießen, Erwürgen, Erhängen oder Vergiften vollzogen wurde, tarnte die SS sie stets mit der Erklärung 'Auf der Flucht erschossen'.“
(aus: Eugen Kogon, Gütersloh. o. J., S. 124–130)

**Aufgaben**

1. Schildere anhand der Beispiele das menschenverachtende System der Konzentrationslager.
2. Gegen welche Menschenrechte wurde verstoßen?
3. Äußere deine Vermutung darüber, was das für Menschen waren, die solche schrecklichen Taten verübten. Auf den Seiten 29 und 30 findest du hierauf mögliche Antworten.

# Psychologie der SS

Was waren das für Menschen, die solche furchtbaren Taten vollbrachten? Waren es abartige Sadisten und Perverse, die sich in krankhafter Weise an den Qualen ihrer Opfer erfreuten? Auskunft hierüber gibt ebenfalls Eugen Kogon in seinem Buch „Der SS-Staat":

„Die freiwilligen Mitglieder der Hitlerschen Schutzstaffeln, die sich von den SS-Idealen, ob bewußt oder unbewußt, angezogen fühlten, waren in der Regel ein Typ von Menschen, in denen ein einfaches psychologisches Schema wirkte: Einige wenige scharf fixierte, dogmatische[1], nicht erarbeitete, simplifizierte[2] Bewußtseinsinhalte bilden eine brettartige Gehirndecke, unter der sich eine Fülle von Emotionen[3] herumdrückt. In sie wirken weder echte Einsichten noch echte Ideale hinein, sie suchen triebhaft nur Auswege in vorgeschriebenen Bahnen der Entladung. Alle SS-Leute, die meine Freunde und ich kennengelernt haben, waren in diesem Sinne Barbaren[4], trugen kein Element echter Kultur in sich, das heißt die Fähigkeit, Geist und Triebe in einer beständigen kritischen Auseinandersetzung mit sich, mit der Umwelt und im allgemeinen gültigen Normen zu einer höheren seelischen Einheit zusammenwirken zu lassen. Die einzige 'kritische' Überprüfung, die ihnen immer wieder nahegelegt wurde und die sie von Fall zu Fall auch vornahmen, blieb rein innerhalb des Schemas: ob die Triebrichtung den vorgeschriebenen SS-Zielen entsprach. Sie nannten das – in einer gewissen preußischen Überlieferung –: den 'inneren Schweinehund' überwinden. Darunter wurde nicht etwa verstanden, eigenen Neigungen zu widerstehen, die wir aus menschlich-gültigen oder gar christlichen Anschauungen als nicht gut, als bös, als besonders schlecht zu bewerten gewohnt sind; mit einer solchen Normenwelt hatten die SS-Ideale nichts zu tun, wenn sie sich auch in einigem gelegentlich damit zu berühren schienen. Die allein notwendige Frage war für sie ausschließlich die: ob die Triebe und die Gefühle (mochten sie, an jenen Maßstäben gemessen, so gut oder so schlecht sein, wie sie wollten) der Erfüllung der SS-Ziele dienlich oder schädlich waren. Wurde Grausamkeit, unmenschliche Grausamkeit für nützlich oder erforderlich gehalten – 'notwendige Härte gegen andere' nannte sich das –, so galt Mitleid – 'Humanitätsduselei' – eben als eine Regung des 'inneren Schweinehundes', die unterdrückt werden mußte. Ehre, Treue, sauberes Familienleben innerhalb des SS-Ordensringes schlossen jede Art von Gemeinheit, Verrat und sexueller Ausschweifung im Verhältnis zu anderen und gar zu Schichten, die als niedriger angesehen wurden, keineswegs aus, wenn SS-Zwecke es als vorteilhaft oder sonst angebracht erscheinen ließen: ja sie verlangten geradezu die 'doppelte Moral', als welche wir anderen ein solches Verhalten zu bezeichnen pflegen. …

Eine Untersuchung der Herkunft der SS-Angehörigen ergibt fast in jedem einzelnen Fall, daß es sich bei ihnen um Tiefunzufriedene, Nichterfolgreiche, durch irgendwelche Umstände Zurückgesetzte, um Minderbegabte aller Art und häufig genug um sozial gescheiterte Existenzen handelte. Die SS wurde in dieser Hinsicht geradezu der Brennspiegel des gesamten Nationalsozialismus. Das galt von den Begründern Himmler und Heydrich, deren tiefsitzendes Minderwertigkeitsbewußtsein durch einen maßlosen Ehrgeiz überkompensiert[5] wurde, bis zu den Stammanschaften der Totenkopf-Verbände. …

Als Mannschaften und Führer wurden alle Arten von Sozialdeklassierten aufgenommen, vor allem nationalsozialistische Flüchtlinge aus Österreich und den Balkanländern, also Knüppel- und Revolveraktivisten, die jeden sozialen Halt unter den Füßen verloren hatten, Wanderburschen, verkrachte Fuhrleute, Forstgehilfen, Friseure, Handelsangestellte, Studenten, Gefängniswärter …

Wissen und Bildung brauchten die gedachten Träger des künftigen germanischen Jahrtausends nicht. Militär ist in der Regel geistfeindlich, da Denken die Kritik anregt und Kritik den Gehorsam schädigt (nämlich den sittlich wertlosen Drillgehorsam). …

[1] starre
[2] vereinfachte
[3] Gefühle
[4] rohe Menschen
[5] kompensieren = ausgleichen

# Psychologie der SS

Für die Ziele der SS war Wissen nicht erforderlich, sondern Bewußtsein: Herrenbewußtsein, Elitebewußtsein – selbst innerhalb der NSDAP –, Prätorianerbewußtsein (Prätorianer = Leibwache römischer Feldherren und Kaiser / Schutzwache. Anm. d. Verf.), Freund-Feind-Bewußtsein. Mit allem dem war Ansehen verbunden, das durch Schärfe und Rücksichtslosigkeit des Auftretens, durch hochmütiges Gehabe, durch Unerbittlichkeit und Furchtverbreitung leicht noch zu erhöhen war. Kritisches Denken, das Vergleich und Unterscheidungsvermögen voraussetzt und daher zunehmenden Wissens bedarf, hätte die Schlagkraft beeinträchtigt, hätte 'angebläßelt', wäre ihnen zersetzend, gefährlich, treulos, 'jüdisch' erschienen. Es war zum Bewußtsein nicht erforderlich; für dieses genügten politische Glaubenssätze. Sie zweifelten nicht an der Richtigkeit dessen, was ihnen die Führung sagte (und was für sie so angenehm, ja häufig bequem war), Zweifel wäre Verrat gewesen, ihre 'Ehre aber hieß Treue', und sie blieben sich selber treu (bis sie sich beim Untergang am liebsten selbst verlassen hätten). …

Machtstreben trägt gewisse seelische und soziale Formtendenzen in sich, die, wenn überhaupt, in jedem Fall zur Ausprägung kommen, ob die Personen, von denen sie ausgehen, Besessene sind oder Bürokraten. Machtstreben aber war es ohne Zweifel, was die Himmler, Heydrich, Best, Kaltenbrunner, Müller (den Leiter der Gestapo unter Kaltenbrunner) angetrieben hat, das System zu schaffen und in Wirksamkeit zu erhalten. Diese Männer wollten nichts als Macht – Macht über Menschen, über Einrichtungen, über Deutschland, über Völker, wenn möglich über die Welt und über die Zukunft. Alles sollte nach ihrem Willen geschehen. Vielleicht wollten sie die Macht mehr instinktiv als bewußt, unter dem Vorwand, es sei für Deutschland, und möglicherweise haben sie sich das Gehäuse der nationalen Attrappe zugelegt, um sich selbst, ihre Umgebung und die Öffentlichkeit zu täuschen, da die nackte Gewalt um ihrer selbst willen wohl doch nicht erträglich gewesen wäre. Die Wirkungen waren dadurch eher nachhaltiger als schwächer. Wie sich der Nationalsozialismus einen Staat in der Republik ausgebaut hat, um diese auszuhöhlen, so die SS im Nationalsozialismus: in ihren Antrieben und Absichten verhüllt, wurde sie erst autonom[6], autark[7] und exklusiv[8]. (aus: Eugen Kogon: Der SS-Staat, Gütersloh, o. J., S. 348–360)

[6] selbstständig
[7] unabhängig
[8] ausschließlich

**Aufgaben**

1. Fertige eine allgemeine Charakteristik der SS-Leute an.
2. Was war mit dem „inneren Schweinehund“ gemeint?
3. Was ist unter „Doppelmoral“ zu verstehen?
4. Wodurch wird besonders deutlich, dass es sich bei den SS-Leuten oftmals um „Machtmenschen“ handelte?

# Vernichtung „unwerten Lebens“

In der Nazizeit wurden behinderte Menschen als „lebensunwertes Leben“ getötet. Mehr als 300 000 Menschen wurden zwangsweise sterilisiert.

Bereits in seinem Buch „Mein Kampf“ hatte Hitler die „Notwendigkeit“ von Zwangssterilisationen von körperlich und geistig „Unwürdigen“ beschrieben. Für Hitler hatten nur die Gesunden und Starken das Recht und die Pflicht auf Nachkommenschaft. Nach seiner Machtergreifung im Jahre 1933 setzte er seine Ziele durch entsprechende Gesetze (Gesetz zur Verhütung erbkranken Nachwuchses) und ab 1939 durch das Euthanasieprogramm um.

**Adolf Hitler in „Mein Kampf“:**
„Wer körperlich und geistig nicht gesund und würdig ist, darf sein Leid nicht im Körper seines Kindes verewigen. Der völkische Staat hat hier die ungeheuerste Erziehungsarbeit zu leisten. … Der völkischen Weltanschauung muß es im völkischen Staat endlich gelingen, jenes edlere Zeitalter herbeizuführen, in dem Menschen ihre Sorge nicht mehr in der Höherzüchtung von Hunden, Pferden und Katzen erblicken, sondern im Emporheben des Menschen selbst.“

**Hitlers Euthanasie-Anweisung vom 1. 9. 1939:**
„… sind unter Verantwortung beauftragt, die Befugnisse namentlich zu bestimmender Ärzte so zu erweitern, dass nach menschlichem Ermessen unheilbar Kranken bei kritischster Beurteilung ihres Krankheitszustandes der Gnadentod gewährt werden kann. …“

**Gesetz zur Verhütung erbkranken Nachwuchses vom 14. 7. 1933:**
„Die Unfruchtbarmachung können auch beantragen (außer der / dem Betroffenen und deren / dessen Angehörigen):
– 1. der beamtete Arzt.
– 2. für die Insassen einer Kranken-, Heil- oder Pflegeanstalt oder einer Strafanstalt der Anstaltsleiter …
Das Verfahren vor dem Erbgesundheitsgericht ist nicht öffentlich. …
Das Erbgesundheitsobergericht (als mögliche Berufungsinstanz) entscheidet endgültig.“

„In den ersten Kriegsjahren war das Euthanasieprogramm in vollem Gang. Gerda Bernhardts Familie gehörte zu den Tausenden betroffener Familien. Ihr kleiner Bruder Manfred war in seiner geistigen Entwicklung zurückgeblieben. Mit zehn konnte er erst wie ein Dreijähriger sprechen. Er konnte ‘Mama’ und ‘Papa’ sagen, aber sonst kaum etwas außer ‘Heil Hitler’ – worauf er besonders stolz war. Einige unfreundliche Nachbarn im selben Haus meinten, es sei am besten, wenn der Junge weggegeben würde, aber Manfreds Mutter widerstrebte diese Vorstellung. Ihr Mann konnte sie schließlich davon überzeugen, ihren Sohn in ein nahegelegenes Kinderkrankenhaus namens Aplerbeck in Dortmund zu bringen. Manfred war inzwischen zwölf und eine zunehmende Belastung für die Familie. In Aplerbeck gab es einen Bauernhof, und Herr Bernhardt tröstete seine Frau damit, daß Manfred mit Tieren zu tun haben würde.
Also wurde Manfred in das Krankenhaus aufgenommen, und seine Eltern besuchten ihn einmal alle zwei Wochen – mehr war nicht erlaubt. Auch Gerda besuchte ihren Bruder, so oft sie konnte, und brachte ihm als Geschenk immer eine Kleinigkeit zu essen mit. Dann, um Weihnachten in Manfreds erstem Jahr in Aplerbeck, bemerkte Gerda eine Veränderung an ihm. Als er in das Vorzimmer gebracht wurde, in dem sie sich immer trafen, hatte er nur seine Unterhose an, und er wirkte abwesend und geschwächt. Zum Abschied umarmte Gerda ihn. Es war das letzte Mal, daß sie ihn lebend sah.
Die Krankenhausverwaltung ließ wissen, Manfred sei eines natürlichen Todes an Masern gestorben, aber Gerda fiel auf, daß in Aplerbeck damals eine Menge Kinder starben. Sie bat, ihren toten Bruder noch einmal sehen zu dürfen, und sah dabei in einem Zimmer fünfzehn in weiße Leintücher eingewickelte Leichen kleiner Kinder. Die Krankenschwester ging mit ihr von Leiche zu Leiche und fragte: ‘Ist das Ihr Bruder?’ Jedesmal verneinte Gerda. Manfred war bei den fünfzehn Kindern nicht dabei, er lag in einem anderen Zimmer auf einer fahrbaren Liege.
Nach der Beerdigung sagte Gerdas Vater im Familienkreis: ‘Sie haben unseren Sohn umgebracht.’ Doch er hatte keine Beweise. Erst vor einigen Jahren wurde es möglich, die wahre Geschichte zu rekonstruieren, so daß man jetzt mit Sicherheit sagen kann, daß das Personal von Aplerbeck die seiner Obhut anvertrauten Kinder ermordet hat.“ (Rees, Laurence: Die Nazis, München, 1997, S. 93 / 94)

# Euthanasieprogramm

„'Auslese' und 'Ausmerze' wurden zu Leitbegriffen der nationalsozialistischen Ideologie. Maßnahmen zur 'Ausmerze' richteten sich gegen Juden wie gegen 'lebensunwertes Leben' überhaupt. …
Schon am 14. Juli 1933 (siehe Kasten) wurde ein 'Gesetz zur Verhütung erbkrankhaften Nachwuchses' erlassen, das die Unfruchtbarmachung Erbkranker bezweckte. …
Die Möglichkeit zur Sterilisierung gab es auch in anderen Ländern, wie z. B. in der Schweiz oder den USA, von wenigen Sonderfällen abgesehen jedoch auf der Grundlage der Freiwilligkeit. Im Gesetz vom 14. Juli 1933 ist die Unfruchtbarmachung als eine Kannvorschrift formuliert. Jedoch wurde jedem behandelnden Arzt Anzeigevorschrift auferlegt, wenn er einem Fall begegnete, für den das Gesetz eine Unfruchtbarmachung vorsah, und auch jeder Amtsarzt hatte den Antrag auf eine solche zu stellen, wenn es ihm bei einem Kranken seines Bezirks als geboten erschien. Die Fälle, für die das Gesetz Sterilisierung vorsah, waren bestimmte für unheilbar gehaltene Erbkrankheiten wie manisch-depressives Irresein, Fallsucht u. a. . …
Die Schwelle von der Verhütung der Zeugung 'lebensunwerten Lebens' zu seiner Vernichtung wurde mit der sogenannten 'Kinderaktion' einige Monate vor Beginn des Krieges überschritten. Mit Hilfe der Tarnorganisation 'Reichsausschuß zur wissenschaftlichen Erfassung von erb- und anlagebedingten schweren Leiden' wurden ärztliche Geburtshelfer und Hebammen veranlaßt, idiotische und mißgebildete Neugeborene auf vorgeschriebenen Fragebogen zu melden. … Ein Obergutachter, d. h. die Kanzlei des Führers, befand weiter, ob Überweisung in eine der in verschiedenen Krankenanstalten eingerichteten 'Kinderfachabteilungen' zur 'Behandlung' aufgrund der einschlägigen Erlasse, d. h. aus der nationalsozialistischen Tarnsprache in die Wirklichkeit übersetzt: zur Tötung, erfolgte. Den Eltern und der örtlichen Gesundheitsbehörde gegenüber hieß es, daß in diesen Abteilungen 'auf Grund der durch den Reichsausschuß geschaffenen Einrichtungen die beste Pflege und im Rahmen des Möglichen neuzeitliche Therapie' durchgeführt werde. Es war kennzeichnend für dieses Verfahren, daß es ohne gesetzliche Grundlage lediglich auf Führerweisung hin erfolgte und daß man es soweit wie möglich zu verschleiern suchte. Diese Aktion war gleichsam die Überleitung vom 'Gesetz zur Verhütung erbkranken Nachwuchses' zu der im Kriege vorgenommenen Massentötung im Rahmen des sogenannten 'Euthanasieprogramms'. (aus: Karl Dietrich Erdmann: Deutschland unter der Herrschaft des Nationalsozialismus 1933–1939. In: Gebhardt: Handbuch der deutschen Geschichte, Band 20, München, 1987, 6. Aufl., S. 151–153)

### Stichwort: Euthanasieprogramm

Programm der Nazis zur Vernichtung sogenannten „lebensunwerten Lebens". Am 1. 9. 1939 hatte Hitler durch Erlass die staatliche „Einschläferung" der etwa 500 000 Schwerst-Geisteskranken angeordnet. Bis August 1941 wurden etwa 70 000 Menschen getötet. Proteste vor allem von kirchlicher Seite (Bischof von Galen) führten zur Einstellung dieser Massenmorde. Einzeltötungen („wilde Euthanasie"), Kindereuthanasie und die Ermordung so genannter „lebensunwerter" KZ-Häftlinge wurden jedoch fortgesetzt.

Wegen den kirchlichen Protesten und Unruhen in der Bevölkerung, die von dem Euthanasieprogramm erfahren hatte, wurde es im August 1941 von Hitler offiziell gestoppt. Dennoch gingen die Euthanasiemorde in nicht organisierter Form weiter. Die Hauptverantwortlichen für das Euthanasieprogramm waren Reichsleiter Philipp Bouhler, Prof. Dr. med. Karl Brandt, Reichskommissar für das Gesundheitswesen und Generalleutnant der Waffen-SS, der Reichsgesundheitsführer Dr. Leonardo Conti, der SS-Oberführer Viktor Bach aus der Kanzlei Hitlers und als „Obergutachter" der SS-Brigadeführer Dr. Werner Heyde.

BVK LA21 • Hans-Jürgen van der Gieth: „Leben und Alltag im … Dritten Reich"

## Mörder im Ärztekittel

Aus einer eidesstattlichen Erklärung Ludwig Lehners, die dieser als Kriegsgefangener abgegeben hat. Er schildert in dieser Erklärung die Teilnahme an einer Führung durch die Anstalt Egelfing-Haar, in der das Euthanasie-Programm durchgeführt wurde. Lehner zitiert die Aussagen des Direktors der Anstalt, Dr. med. Pfannenmüller:

„'Diese Geschöpfe (gemeint waren besagte Kinder) stellen für mich als Nationalsozialisten nur eine Belastung unseres Volkskörpers dar. Wir töten (er kann auch gesagt haben: 'Wir machen die Sache') nicht durch Gift, Injektionen usw., da würde die Auslandspresse und gewisse Herren in der Schweiz (gemeint war wohl das Rote Kreuz) nur neues Hetzmaterial haben. Nein, unsere Methode ist viel einfacher und natürlicher, wie Sie sehen.' Bei diesen Worten zog er unter Beihilfe einer mit der Arbeit in dieser Station scheinbar ständig betrauten Pflegerin ein Kind aus dem Bettchen. Während er das Kind wie einen toten Hasen herumzeigte, konstatierte er mit Kennermiene und zynischem Grinsen so etwas wie: 'Bei diesem z. B. wird es noch zwei bis drei Tage dauern.' Den Anblick des fetten, grinsenden Mannes, in der fleischigen Hand das wimmernde Gerippe, umgeben von den anderen verhungernden Kindern, kann ich nimmer vergessen. Weiterhin erklärte der Mörder dann, daß nicht plötzlicher Nahrungsentzug angewandt werden würde, sondern allmähliche Verringerung der Rationen.'" (aus: Mausbach / Mausbach Bromberger: Feinde des Lebens – NS-Verbrechen an Kindern, Frankfurt / M., 1979, S. 74)

Friedrich Stöffler beschreibt die „Nutzung" der Anstalt Kalmenhof in Idstein zur Durchführung der Euthanasie:

„In der Reichsausschußstation des Kalmenhofes in Idstein wurden nicht nur schwachsinnige Kinder und Jugendliche getötet, sondern auch Bettnässer, widerspenstige und fluchtverdächtige Zöglinge. Der Arzt Dr. W., der Dr. von Hegner in der Reichskanzlei um Zusendung von zur Tötung bestimmten Kindern bat, gab 25 Kindern durch Verabreichung von Luminal den Tod. Er brachte es auch fertig, Totenscheine für Kinder auszustellen, die noch nicht gestorben waren, sondern noch einmal 'nachgespritzt werden mußten'. Die Schwester M. verabreichte 20 bis 30 tödlich wirkende Spritzen. Frau Dr. W., die vor dem Arzt Dr. W. von 1939 bis 1944 die ärztliche Leitung hatte, füllte im Jahre 1940 mehr als 1000 Meldebogen aus, die einem der erfaßten Personen den Tod in der Gaskammer von Hadamar brachten. Viele Kinder wußten, daß im Krankenhaus der Anstalt getötet wurde, und fürchteten sich vor dem Gang ins Krankenhaus. Manche spielten 'Klappsarg'. Während der Tötungsaktion war ein älterer Zögling beauftragt, die Leichen in Strohsäcke oder in Verdunkelungspapier einzuwickeln und auf einem Schubkarren auf den Friedhof zu fahren. Wenn Angehörige bei der Beerdigung anwesend waren, wurde ein Klappsarg verwendet, der in den Abendstunden wieder aus dem Grabe geholt wurde." (aus: Mausbach / Mausbach Bromberger: Feinde des Lebens – NS-Verbrechen an Kindern, Frankfurt / M., 1979, S. 75)

**Aufgaben**

1. In aller Deutlichkeit zeigt das Euthanasieprogramm die menschenverachtende Perversion der nationalsozialistischen Weltanschauung und Politik. Belege dies anhand der Darstellungen auf den drei Seiten zur Euthanasie.
2. Die Aufgabe und Verpflichtung eines Arztes besteht darin, Leben zu erhalten. Beurteile das Verhalten der in den Texten beschriebenen Ärzte. Warum – glaubst du – haben sich auch Ärzte so unmenschlich verhalten?
3. Übertrage die Maßnahmen des Euthanasieprogramms auf die heutige Zeit. Was würde eine solche Euthanasiepolitik bedeuten, welche Auswirkungen hätte sie?

BVK LA21 • Hans-Jürgen van der Gieth: „Leben und Alltag im … Dritten Reich"

# „Furchtbare“ Justiz im Unrechtssystem

Leben und Alltag in einem Unrechtssystem wie dem Dritten Reich sind natürlich auch von seiner Rechtsprechung geprägt. Und sie war ebenso menschenverachtend wie das gesamte System. Der oberste Richter des NS-Staates war Roland Freisler, Präsident des Volksgerichtshofes, ein äußerst kaltblütiger Vertreter der damaligen „Un“recht-sprechung.

Berichtet wird von einer Verhandlung vor dem Volksgericht am 14. Oktober 1943 gegen Dr. Max Joseph Metzger: „Für Roland Freisler, den Präsidenten des Volksgerichtshofes, der in seiner blutroten Robe den Vorsitz führte, war die Vernichtung des Angeklagten von vornherein ganz offensichtlich beschlossene Sache. Von ‘Verhandlung’ konnte überhaupt keine Rede sein. Metzger war lediglich das zum Schweigen verurteilte Objekt seines höhnenden, tobenden, brüllenden Gegenüber. ... Als Metzger ruhig und sachlich darlegt, was ihn zur Abfassung seiner Schrift ‘Friede auf Erden’ bewogen hat, da fährt Freisler hemmungslos dazwischen: ‘Das ist ja eine ganz andere Welt! Ihre Welt paßt nicht in unsere Welt hinein! So etwas hat keinen Raum bei uns!’“ (aus: Walter Adolph: Im Schatten des Galgens, Berlin, 1953, S. 38)

In Berlin-Plötzensee (hier gibt es heute eine Gedenkstätte) wurden zahlreiche „Gegner“ des Nationalsozialismus hingerichtet; unter anderem auch eine Reihe von Geistlichen.

Aus zahlreichen „letzten Briefen“ von Geistlichen aus dem Gefängnis kurz vor ihrer Hinrichtung geht ihr starker Glaube, aber auch ihre Ohnmacht gegenüber dem Unrechtssystem des Dritten Reiches hervor:

**Pfarrer Dr. Alfons Maria Wachsmann** am 21. 2. 1944: „Liebe Minka! Ich sterbe um 3 Uhr. Nun ist die Stunde gekommen, die Gott in ewiger Liebe für mich bestimmt hat. Der gute Scholz hat mir meine Beichte gehört und die Wegzehrung gereicht. In einer Stunde gehe ich hinüber in die Herrlichkeit des lebendigen Gottes. Ich habe mich ganz und restlos und ohne jeden Vorbehalt Gott ergeben. In Seiner Hand bin ich geborgen. ...“

**Graf Max Ulrich Drechsel** am 4. 9. 1944: „Liebe Eltern! Das Urteil ist gesprochen; nur kurze Zeit trennt mich von der Vollstreckung. Seid nicht traurig, wenn Ihr an mich denkt, sondern fröhlich. Fröhlich sollt Ihr mit den Menschen und den Freunden über mich sprechen, dann werde ich auch gern geistig bei Euch sein, der ich im Leben stets fröhlich war. ...“

**P. Alfred Delp** S.J. (Societas Jesu, katholischer Orden): „Liebe Mitbrüder, nun muß ich doch den andern Weg nehmen. Das Todesurteil ist beantragt. Die Atmosphäre ist so voll Haß und Feindseligkeit, daß heute mit seiner Verkündigung und Vollstreckung zu rechnen ist. ... Der eigentliche Grund der Verurteilung ist der, daß ich Jesuit bin und geblieben bin. Eine Beziehung zum 20. 7. (Widerstandsbewegung, die am 20. 7. 1944 ein Attentat auf Hitler verübt hatte. Anm. d. Verf.) war nicht nachzuweisen. ... (alle Zitate aus: Walter Adolph: Im Schatten des Galgens, Berlin, 1953, S. 69, 74 und 81)

**Aufgaben**

1. Welche Haltung wird in der Aussage Freislers deutlich?
2. Wie „verarbeiten“ die Geistlichen die Situation unmittelbar vor ihrer Hinrichtung?
3. Wie beschreibt der Jesuit P. Alfred Delp seine Situation.

# Gräueltaten

**Aus einer Gerichtsverhandlung während des Nürnberger Tribunals. Der Zeuge Grigoriew aus der Sowjetunion betritt den Zeugenstand:**

Oberjustizrat Smirnow (S): Sagen Sie mir bitte, Zeuge, in welchem Dorf lebten Sie vor dem Kriege?

Grigoriew (G): Ich lebte im Dorf Kusnezow, im Bezirk Porchow, im Gebiet Pleskau.

S: In welchem Dorf überraschte Sie der Krieg?

G: Im Dorf Dusnezow.

S: Existiert dieses Dorf jetzt noch?

G: Nein, es existiert nicht mehr.

S: Ich bitte Sie, dem Gerichtshof zu erzählen, was sich zutrug.

G: Am denkwürdigen 28. Oktober 1943 überfielen die deutschen Soldaten unerwartet unser Dorf und begannen, die friedliche Bevölkerung niederzumetzeln, erschossen sie oder trieben sie in die Häuser. An diesem Tag arbeitete ich mit meinen zwei Söhnen Alexei und Nikolai auf der Tenne. Plötzlich kam zu uns ein deutscher Soldat auf die Tenne und befahl uns, ihm zu folgen. ...

Vorsitzender (V): Sie sagten, Sie arbeiteten mit ihren beiden Söhnen auf dem Feld?

G: Ja, meine beiden eigenen Söhne.

S: Fahren Sie fort!

G: Man führte uns durchs Dorf, und zwar in das letzte Haus am Rande des Dorfes. Im ganzen waren wir 19 Mann in diesem Hause. Da saßen wir in dem Haus. Ich saß am Fenster und sah hinaus. Ich sah, wie deutsche Soldaten noch viele Menschen zusammentrieben; ich sah auch meine Frau und meinen jüngsten Sohn, der neun Jahre alt war. Sie wurden bis zum Haus getrieben und dann wieder weggeführt, wohin, das wußte ich noch nicht. Etwas später kamen drei deutsche Soldaten mit Maschinenpistolen, gefolgt von einem vierten, der einen schweren Revolver in der Hand hielt. Man befahl uns, in ein anderes Zimmer zu gehen. Sie stellten uns alle 19 Männer an die Wand, auch mich und meine beiden Söhne, und begannen mit der Maschinenpistole auf uns zu schießen. Ich stand direkt an der Wand etwas vornübergebeugt. Als der erste Schuß fiel, sank ich vor Schreck auf den Boden und blieb regungslos liegen. Nachdem alle erschossen waren, verließen die deutschen Soldaten das Haus. Ich kam wieder zu mir, sah mich um und erblickte nicht weit von mir meinen Sohn Nikolai erschossen, das Gesicht zur Erde gekehrt. Den zweiten Sohn entdeckte ich nicht und wußte auch nicht, ob er tot war oder noch lebte. Nach einiger Zeit begann ich darüber nachzudenken, wie ich am besten fliehen könnte. Ich zog meine Füße unter einem Leichnam, der darauf gefallen war, hervor, richtete mich auf und wollte überlegen, wie ich entfliehen könnte. Aber statt nachzudenken, schrie ich, kopflos geworden, aus Leibeskräften: „Kann ich denn jetzt gehen?" In diesem Augenblick erkannte mich mein Söhnchen, das am Leben geblieben war.

S: Das war Ihr zweiter Sohn?

G: Jawohl, das war der zweite Sohn; der erste lag unweit von mir erschossen. Mein zweiter Sohn rief: „Papa, du lebst."

**Aus dem deutsch-sowjetischen Grenz- und Freundschaftsvertrag vom 28. 9. 1939:**

**„Artikel II. Beide Teile erkennen die in Artikel I festgelegte Grenze der beiderseitigen Reichsinteressen als endgültig an und werden jegliche Einmischung dritter Mächte in diese Regelung ablehnen.**

**Artikel IV. Die Deutsche Reichsregierung und die Regierung der UdSSR betrachten die vorstehende Regelung als ein sicheres Fundament für eine fortschreitende Entwicklung der freundschaftlichen Beziehungen zwischen ihren Völkern."**

## Gräueltaten

S: War er verwundet?

G: Er war am Bein verwundet. Ich beruhigte ihn und sagte ihm: „Fürchte Dich nicht, mein Kind, ich verlasse Dich nicht, wir werden irgendwie fliehen! Ich werde Dich hier hinaustragen.“ Kurz darauf fing das Haus zu brennen an. Da öffnete ich das Fenster und schwang mich mit meinem am Bein verwundeten Jungen aus dem Fenster. Kriechend stahlen wir uns vom Hause weg, damit uns die deutschen Soldaten nicht bemerkten. Unweit vom Haus war ein hoher Zaun. Wir konnten die Lattern nicht verschieben, deshalb begannen wir sie zu zerbrechen. In diesem Augenblick bemerkten uns die deutschen Soldaten und begannen auf uns zu schießen. Ich flüsterte meinem Sohn zu, er solle sich regungslos verhalten, während ich versuchen würde wegzulaufen; denn ich konnte ihn ja nicht tragen. Er lief ein Stückchen und konnte sich in einem Gebüsch verstecken, während ich fortlief. Nachdem ich eine kurze Strecke gelaufen war, sprang ich in ein Gebäude, das unweit des brennenden Hauses stand. Dort blieb ich einen Augenblick und beschloß dann, weiterzulaufen. Ich lief in den nächsten Wald, der nicht sehr weit von unserem Dorf entfernt war und brachte dort die Nacht zu. Am Morgen traf ich aus dem benachbarten Dorf den Bauern Alexei N., der mir erzählte, daß mein Sohn Aljoscha am Leben sei, da er sich bis ins benachbarte Dorf geschleppt habe. Am nächsten Tag traf ich aus diesem Dorf Kusnezow den Knaben Vitja, einen Flüchtling aus Leningrad, der während der Besatzung in unserem Dorf lebte.

Auch er war wie durch ein Wunder gerettet; er entkam dem Feuer. Er erzählte mir, was sich in der zweiten Hütte zugetragen hatte, in der meine Frau und mein kleines Söhnchen waren. Dort geschah folgendes: Die deutschen Soldaten trieben die Leute in die Hütte, öffneten die Türe zum Korridor und schossen über die Schwelle mit Maschinengewehren auf die Menschen. Nach Vitjas Erzählung brannten dort noch halb lebende Menschen. Auch mein kleiner Sohn Petja von neun Jahren verbrannte bei lebendigem Leibe. Als er aus der Hütte lief, sah er meinen Petja noch lebend unter einer Bank sitzen und seine Ohren mit den Händchen halten. …

**Die Vorbereitung des Feldzuges gegen die Sowjetunion „Fall Barbarossa“ (Hitlers Weisung vom 18. 12. 1940)**

**„… Die deutsche Wehrmacht muß darauf vorbereitet sein, auch vor Beendigung des Krieges gegen England Sowjetrußland in einem schnellen Feldzug niederzuwerfen (Fall Barbarossa). Das Heer wird hierzu alle verfügbaren Verbände einzusetzen haben mit der Einschränkung, daß die besetzten Gebiete gegen Überraschungen gesichert sein müssen. …**

**Vorbereitungen, die eine längere Anlaufzeit benötigen, sind – soweit noch nicht geschehen – schon jetzt in Angriff zu nehmen und bis zum 15. 5. 41 abzuschließen.**

**Entscheidender Wert ist jedoch darauf zu legen, daß die Absicht eines Angriffs nicht erkennbar wird.**

**Die Vorbereitungen der Oberkommandos sind auf folgender Grundlage zu treffen:**

**I. Allgemeine Ansicht:**

**Die im westlichen Rußland stehende Masse des russischen Heeres soll in kühnen Operationen unter weitem Vortreiben von Panzerkeilen vernichtet, der Abzug kampffähiger Teile in die Weite des russischen Raumes verhindert werden.**

**In rascher Verfolgung ist dann eine Linie zu erreichen, aus der die russische Luftwaffe reichsdeutsches Gebiet nicht mehr angreifen kann. Das Endziel der Operation ist die Abschirmung gegen das asiatische Rußland aus der allgemeinen Linie Wolga-Archangelsk. So kann erforderlichenfalls das letzte Rußland verbleibende Industriegebiet im Ural durch die Luftwaffe ausgeschaltet werden.“**

BVK LA21 • Hans-Jürgen van der Gieth: „Leben und Alltag im … Dritten Reich“

## Gräueltaten

S: Wieviel Einwohner des Dorfes wurden insgesamt umgebracht?
G: 47 Leute, ohne diejenigen zu zählen, die wie durch ein Wunder gerettet wurden.
S: Warum wurden diese Einwohner vernichtet?
G: Das ist unbekannt.
S: Und was sagten die Deutschen dazu?
G: Als der deutsche Soldat zu uns auf die Tenne kam, fragten wir ihn: „Warum bringt ihr uns alle um?" Er sagte: „Kennt Ihr das Dorf Maximowo"? Dieses Dorf liegt in der Nähe unseres „Dorfsowjets". Ich antwortete: „Ja". Er erzählte mir, Maximowo sei „kaputt" – die Einwohner seien „kaputt", und wir müßten nun auch „kaputt" gemacht werden.
S: Und warum „kaputt"?.
G: „Weil sich bei Euch Partisanen verborgen haben." – Das entsprach jedoch nicht der Wahrheit, denn bei uns waren keine Partisanen, und niemand nahm an Partisanentätigkeit teil, weil niemand da war, der es in diesem Dorf hätte tun können. Es waren bloß alte Leute und kleine Kinder im Dorf geblieben. Wir wußten nichts von Partisanen und sahen sie nie.
S: Waren viele erwachsene Männer im Dorfe geblieben?
G: Es war nur ein 27jähriger Mann da, aber er war krank, schwachsinnig und Paralyker. Die anderen waren alte Leute oder Kinder. Alle übrigen Männer waren in der Armee.
S: Sagen Sie, ist nur die Bevölkerung Ihres Dorfes von diesem Schicksal ereilt worden?
G: Nein, nicht nur sie. Die Deutschen haben außerdem in Kurischewa 43 und in Wschiwowa 47 Personen erschossen; im Dorf Pawlow, in dem ich jetzt wohne, haben sie 23 Personen verbrannt, und in einer ganzen Reihe anderer Dörfer, wo nach unserem „Dorfsowjet" ungefähr 400 Leute gezählt wurden, haben sie friedliche Bürger, alte Leute und Kinder vernichtet.
S: Bitte wiederholen Sie die Zahl derer, die in ihrem „Dorfsowjet" vernichtet wurden.
G: In unserem „Dorfsowjet" sind ungefähr 400 Personen vernichtet worden.
S: Sagen Sie, wer blieb von Ihrer Familie am Leben?
G: Von meiner Familie blieben nur mein Sohn und ich am Leben. Erschossen wurde meine Frau, im sechsten Schwangerschaftsmonat, mein Sohn Nikolai, 16 Jahre alt, und mein jüngster Sohn Peter im Alter von neun Jahren. Ferner meine Schwägerin, die Frau meines Bruders mit ihren beiden Kindern Sascha und Toni.
S: Ich habe keine Fragen mehr an diesen Zeugen, Herr Vorsitzender.
(aus: Internationaler Militärgerichtshof Nürnberg, 1948, Band VIII, S. 287 ff. In: Mausbach / Mausbach Bromberger, Feinde des Lebens – NS-Verbrechen an Kindern, Frankfurt / M., 1979, S. 171–174)

### Stichwort: Nürnberger Prozesse

Gerichtsverfahren, die zwischen 1945 und 1949 von einem Internationalen Militärgerichtshof bzw. von amerikanischen Militärgerichten in Nürnberg gegen NS-Straftäter durchgeführt wurden.
Am 18. 10. 1945 wurde Anklage gegen 22 „Hauptkriegsverbrecher" erhoben. Dieser Hauptprozess dauerte vom 14. 11. 1945 bis 1. 10. 1946 und endete mit zwölf Todesurteilen (u. a. gegen Bormann, Frank, Göring, Keitel, von Ribbentrop) und zahlreichen Haftstrafen. Die Todesurteile wurden am 15. 10. 1946 vollstreckt. Einige Angeklagte (darunter auch Göring) hatten sich durch Selbstmord ihrer Verantwortung entzogen. SS, SD, Gestapo und Führerkorps der NSDAP wurden als verbrecherische Organisationen und Gruppen verurteilt.

**Aufgaben**

1. Beschreibe den Widerspruch zwischen dem deutsch-sowjetischen Grenz- und Freundschaftsvertrag und der Weisung Hitlers vom 18. 12. 1940 („Fall Barbarossa").
2. Berichte über die Aussage des Zeugen Grigoriew vor dem Nürnberger Militärgerichtshof. Formuliere eine Anklageschrift gegen die Täter.
3. Informiere dich genauer über die Nürnberger Prozesse.

# Im Bunker

„Viele Familien sind – unabhängig davon, ob Alarm gegeben worden war oder nicht – jeden Abend in den Bunker gegangen und haben die Nacht auf Bänken und Pritschen verbracht. So lebten dort im Laufe der Kriegsjahre immer mehr Menschen, die ihre Wohnungen durch Bomben verloren hatten, unter entsetzlichen Bedingungen, und da meine Eltern es auf die Dauer unmöglich fanden, mit ihren kleinen Kindern viele Stunden in einem von Menschenmassen überfüllten Bunker zu verbringen, sind wir schließlich in unseren eigenen Kohlenkeller gegangen. Er war so klein, daß er mit der Kartoffel- und der Kohlenkiste fast ausgefüllt war. Die Kleinen und der Kranke wurden auf die Kisten gebettet, während wir anderen dicht gedrängt auf Hockern und Stühlen saßen. Meine Mutter stülpte sich jedesmal, wenn man die Bomben durch die Luft sausen hörte, eine Kaffeemütze über Kopf und Ohren, damit sie die Einschläge nicht hören mußte; gleichzeitig schrie sie uns zu 'Ihr müßt den Mund aufreißen, damit euch das Trommelfell nicht platzt!' So saßen wir dann alle da mit aufgerissenen Mäulern und ängstlichen Augen, meine Mutter mit der Kaffeemütze auf dem Kopf. Mein Vater blieb der ruhende Pol, der unsere Ängste dämpfte. Während der nächtlichen Angriffe ging er immer wieder nach oben und kontrollierte das Haus. Bei solcher Gelegenehit stellt er einmal fest, daß eine Brandbombe auf dem Dachboden lag, zwei weitere, die im Vorgarten niedergegangen waren, hatten unseren Holzzaun in Brand gesetzt. Mit Hilfe meiner beiden älteren Geschwister konnte er das Feuer jedoch schnell löschen.
Wenn das Bombardement vorüber war, sind die größeren Jungen in unserer Straße – auch mein ältester Bruder Ferdinand – jedesmal losgelaufen, um Granatsplitter zu suchen, die untereinander getauscht wurden. Sie sahen wunderschön bizarr aus und schillerten in allen Regenbogenfarben. … (aus: Ruth Loah: Kinderszenen im Kriege. In: Helmut Schmid (Hrsg.): Kindheit und Jugend unter Hitler, Berlin, 1998, S. 199 / 200)

**Stichwort: Zweiter Weltkrieg (1939–1945)**
Krieg zwischen den so genannten Achsenmächten (Deutschland, Italien, Japan) und den Alliierten (vor allem Frankreich, Großbrtannien, Sowjetunion, USA). Der Krieg begann am 1. 9. 1939 mit dem Überfall des deutschen Heeres auf Polen. Deutschland eroberte in mehreren Blitzkriegen große Teile Europas und Nordafrikas und überfiel 1941 trotz eines Nichtangriffspaktes die Sowjetunion. Deutschland musste einen Mehrfrontenkrieg führen und kapitulierte am 8. 5. 1945 bedingungslos. Hitler hatte am 30. 4. 1945 Selbstmord begangen. In Ostasien wurde der Krieg zwischen Japan und den USA und damit der 2. Weltkrieg durch den Atombombenabwurf der Amerikaner auf japanische Städte mit der Kapitulation Japans am 2. 9. 1945 beendet.

**Aufgaben**

1. Informiere dich über den Verlauf des 2. Weltkrieges.
2. Erforsche die Kriegszeit in deiner Heimatgemeinde.
   In einem besonderen Projekt können die Kriegsereignisse in der Heimat behandelt werden. Dabei können Zeitzeugen befragt, Quellen im Archiv und eventuell noch vorhandenes Fotomaterial gesichtet und bearbeitet werden. In einer Ausstellung werden die Ergebnisse der Forschungsarbeit „veröffentlicht“. Dabei muss sich die Ausstellung nicht nur auf die Schule beschränken. Auch die Bürgerinnen und Bürger der Stadt sind interessiert an der „Aufarbeitung ihrer Geschichte“.

# Bombenangriffe

„In der Nacht vom Dienstag auf Mittwoch war wieder ein ganz schwerer Terrorangriff. … Nach dem Alarm wurde erst nur wenig geschossen, und dann war Ruhe, so daß wir im Keller meinten, es sei schon alles vorüber, und dann ging es los, als ob die Welt unterginge. Das Licht ging sofort aus, wir saßen erst im Dunkeln, dann bei einem flackernden Lichtchen, alle mit nassen Tüchern um Nase und Mund, und das Getöse war derartig, die Einschläge so unausgesetzt, daß das ganze Haus wackelte und Mörtel herunterrieselte und Scheiben klirrten. … Keiner sprach mehr, die Leute, die zusammengehörten, faßten sich bei der Hand, und alles drängte zum Ausgang. Ich habe noch nie solche richtige Todesangst empfunden, solche Todesnähe. Bei jedem schweren Krach dachte man, nun stürzt das Haus über uns zusammen, nun kommt das Ende: Schwerer Brandgeruch drang ein, und Feuerschein erhellte die ganze Straße. Dann wurde es still.“
(M. Wolff-Mönkeberg: Briefe, die sie nicht erreichten, Hamburg, 1980, S. 91)

„Nun bin ich wieder in Hamburg. Als ich in der Ostmarkstraße die ausgebrannten Häuser sah, war ich noch immer ruhig und hatte die beste Hoffnung, daß bei uns wenigstens noch das Haus stehen würde. … Ach, Werner, Du glaubst nicht, welch ein Anblick, unser schönes Haus, alles ist hin, nur die Außenmauern stehen noch zum Teil. … Nichts konnten wir retten, Mutti hatte nur das, was sie am Körper hatte. Ach, mein lieber Junge, unsere schönen Sachen, wie haben wir alles geschont, und nun ist alles weg, alles weg. Kein Heim haben wir mehr.
Mich zieht es immer wieder in die Parkallee, wenn es auch nur noch Trümmer sind. Wir haben kein Licht, Gas und Wasser. Die Geschäfte sind kaputt, ich stehe stundenlang auf der Moorweide und schließ mich an, um Lebensmittel zu bekommen. Unser Papa ist alt geworden, er spricht immer von Dir. Aber alles Klagen hilft nicht, damit bekommen wir nichts wieder. Wir können uns freuen, daß wir alle leben. Die Menschen stehen kilometerweise auf den Straßen und warten darauf, daß sie aus Hamburg rauskommen. Mein lieber, guter Junge, hoffentlich hat alles bald ein Ende und wir haben uns dann alle wieder. Es muß ja alles wieder gut werden. Lange kann dieses Elend ja nicht mehr dauern.“ (aus einem Brief von Käte T. v. 29. 7. 1943 an ihren Verlobten)

**Aufgaben**

1. Beschreibe die Gefühle, die die Schreiberinnen der Briefe und des Berichtes äußern.
2. Kennst du Menschen – vielleicht in deiner Familie –, die ähnliche Erfahrungen gemacht haben? Befrage sie zu ihren Erinnerungen.

## „Der Keller schwankte wie eine Schiffschaukel“

„Bei Vollalarm und als ich die Flieger bereits hören konnte, rannte ich mit ein paar Habseligkeiten auf dem Arm ins Vorderhaus, wo ich die Nachbarin herunterrief und mit ihr in den Keller des Hauses stürmte. Unter den Bombeneinschlägen schwankte der Keller wie eine Schiffschaukel. Sofort waren die Kellerfenster von außen verschüttet, und wir saßen in völliger Finsternis. Nach einiger Zeit – es mochte wohl eine halbe Stunde vergangen sein – hatte sich die Lage offenbar beruhigt, und wir versuchten, herauszukommen, was uns nach vielen Mühen auch gelang. Wir mußten die Kellertür aufdrücken und zunächst die nachfallenden Trümmer beiseite schaffen. Der Anblick, der sich uns oben bot, war furchtbar. Zuerst versuchte ich, durch die Trümmer an unser Hinterhaus im Garten zu kommen, wo mein Vater – an Grippe erkrankt – in der Küche auf dem Sofa lag. Das gelang mir aber nicht, weil ich die Trümmer nicht überwinden konnte. Es herrschte ein einziges Chaos. Wir versuchten dann, die Straße zu erreichen. Eine tote Frau lag unmittelbar vor der Haustüre auf dem Bürgersteig.
Mein Vater muß auf dem Sofa in der Küche wohl eingeschlafen sein oder hatte keine Zeit mehr zum Aufstehen, als der Angriff kam. Jedenfalls blieb er in der Küche zurück, und die Splitterbombe, die in unseren Garten fiel, verletzte ihn tödlich. Meine Schwester hat unseren Vater später in den Kellerräumen des Kramer-Museums gesehen, wo die Toten aufgebahrt waren. Sie berichtete, daß er vollständig ergraut gewesen sei, obwohl sein Haar vorher noch pechschwarz gewesen war.“ (Margarete van der Gieth: Der Keller schwankte wie eine Schiffschaukel. aus: Bomben auf Kempen – Der Luftkrieg in unserer Stadt 1940–1945, Kempen, 1994, S. 22)

# Edelweißpiraten

## Edelweißpiraten

Sie saßen oft am Märchensee beim Lagerfeuer.
Sie wollten leben, wie es ihnen gefiel.
Der neue Kurs im Land war nicht geheuer.
Sie wollten frei sein mit Gesang, Gitarrenspiel.
Mit ihrer Kleidung nahmen sie's nicht so genau.
Ganz offen trugen sie das Edelweiß zur Schau.
Und das war gut; sie hatten Mut.

Sie hatten nichts im Sinn mit braunen Nazihorden.
Sie hielten nichts von dem Geschrei vom Heil und Sieg.
Was war denn nur aus ihrem Vaterland geworden?
Man schürte offen den verbrecherischen Krieg.
Da gab's nur eins zu tun: Befrei'n wir dieses Land!
Da durfte keiner ruh'n: Wir leisten Widerstand!
Sie hatten Mut; und das war gut.

Vielleicht wird morgen schon eine neue Zeit anfangen.
Vielleicht ist morgen schon der Spuk vorbei.
Vielleicht wird morgen schon eine neue Zeit anfangen.
Vielleicht ist morgen schon der Spuk vorbei.

Da gab's nen Güterzug mit Kriegsnachschub und Waffen
Und was man sonst noch braucht für einen Völkermord.
Da machten sie sich an den Gleisen kurz zu schaffen.
Der Zug erreichte niemals den Bestimmungsort.
Und Essensmarken vom Parteibüro der Stadt
War'n plötzlich weg und Zwangsarbeiter wurden satt.
Sie hatten Mut. Sie hatten Mut.

Sie glaubten fest daran, daß sie den Sieg erringen.
Sie glaubten fest daran: Aus Schaden wird man klug.
Sie glaubten fest daran, als sie zum Galgen gingen.
Sie glaubten fest daran, als man sie vorher schlug.
Und diese Angst, die hinter jeder Folter steht,
Die ist so groß, daß man den besten Freund verrät.
Versteht man gut! Versteht man gut!

Vielleicht wird morgen schon …

Sie stehen heute noch auf manchen schwarzen Listen.
Ich möcht' fast sagen: Heut ist's wieder mal so weit.
In Amt und Würden sitzen wieder mal Faschisten
Und zum totalen Krieg ist mancher schon bereit.
Nur seh' ich Tausende – und das beruhigt mich sehr –,
Die zeigen offen das zerbrochene Gewehr.
Denn das macht Mut. Denn das macht Mut.

Und dann wird morgen schon eine neue Zeit anfangen.
und dann ist morgen schon der Spuk vorbei.
Und dann wird morgen schon eine neue Zeit anfangen.
Und dann ist morgen schon der Spuk vorbei.

(Lilienthal; Wir wollen leben, Ebergötzen, 1982)

### Stichwort: Edelweißpiraten

Unorganisierte Gruppe von jugendlichen Widerstandskämpfern. Sie waren überwiegend im Rheinland und im Ruhrgebiet vertreten. Die Mitglieder der Edelweißpiraten kamen meist aus Arbeiterfamilien. Sie setzten die Tradition der freien Jugendgruppen (so genannte Jugendbewegung) vom Anfang des Jahrhunderts fort. Hierzu gehörten auch die Wandergruppen wie die Kittelbachpiraten (nach einem Bach in Düsseldorf benannt), die auch zu den Vorbildern der Edelweißpiraten gehörten. Die Aktionen der Edelweißpiraten richteten sich vor allem gegen die Hitlerjugend. Sie lehnten deren militärischen Drill und deren nach festen Regeln organisierte Freizeitgestaltung ab. Auch versuchten einige von ihnen mit gezielten Sabotageakten die Fortführung des Krieges zu boykottieren.

Das Lied „Edelweißpiraten" von der Gruppe „Lilienthal" entstand zur Zeit der „Friedensbewegung" in den 80er Jahren. Damals leisteten viele Menschen aus Angst vor einem Atomkrieg Widerstand gegen die Rüstungspolitik der Großmächte.

### Aufgaben

1. Kennst du Situationen oder Verhältnisse, in denen bzw. gegen die du dich gewehrt, „Widerstand" geleistet hast?
2. Welche Vorstellung vom Leben hatten die Edelweißpiraten?
3. Wovor hatten sie Angst, wogegen wehrten sie sich?
4. Mit welchen Mitteln leisteten sie Widerstand?
5. Welche Gefahren gingen sie bei ihren Widerstandsaktionen ein?
6. „Dichte" oder schreibe einen Text zum Thema „Widerstand heute".

## Edelweißpiraten

**Stichwort: Widerstandsbewegungen im 3. Reich**
Bezeichnung für die Gruppen, die sich 1933–45 gegen das NS-Regime auflehnten: z. B. kirchliche, kommunistische oder militärische Gruppen, Studenten (Weiße Rose) oder Jugendliche (Edelweißpiraten)

Ein Edelweißpirat berichtet:
„Bedingt durch den kalten Winter 1943 / 44 konnten sich die Edelweißpiraten nicht mehr so oft draußen treffen. Aber wenn wir zusammenkamen, schmiedeten wir neue Pläne für das kommende Frühjahr und hofften, daß uns das Jahr 1944 den lang ersehnten Frieden bringen würde. Aber nicht nur wir, sondern viele Menschen setzten ihre Friedenshoffnungen auf das Jahr 1944. Dies war auch nicht ganz unberechtigt, denn die Lage an den verschiedenen Fronten hatte sich derart verschlechtert, daß die Niederlage der deutschen Wehrmacht eigentlich abzusehen war. Die Zivilbevölkerung war kriegsmüde, Tag und Nacht war sie den schweren Luftangriffen der Alliierten schutzlos preisgegeben, hatte schwere Verluste und unsagbares Leid hinnehmen müssen. Die Durchhalteparolen der Propagandamaschine der Nationalsozialisten mußten bei ihnen verpuffen. Doch unsere Hoffnungen auf Frieden sollten sich so schnell nicht erfüllen.
Im Januar 1944 wurde es für den Jahrgang 1927, dem auch ich angehörte, ernst.
Alle in diesem Jahr Geborenen wurden zum ‘Geburtstagsgeschenk des Führers’ gemacht.
Propagandaminister Goebbels hatte das Schlagwort geprägt. Damit waren alle Jungen und Mädchen gemeint, die am 20. April, dem Geburtstag Hitlers, in die NSDAP aufgenommen wurden. Für diesen Tag waren im ganzen Deutschen Reich einheitliche Feierstunden vorgeschrieben, in denen die neuen Parteimitglieder aufgenommen wurden. In den letzten beiden Kriegsjahren waren mit Geburtstagsgeschenk auch diejenigen gemeint, die zum Einsatz als Luftwaffen- oder Flakhelfer eingezogen wurden.
Wir bekamen Musterungsbescheide, die bei den Edelweißpiraten natürlich heftige Diskussionen darüber auslösten, wie wir uns der Einberufung zur Wehrmacht entziehen könnten. Wenn wir nicht Soldat werden wollten, dann war es höchste Zeit, die einzig mögliche Alternative zu ergreifen: unterzutauchen und in die Illegalität zu gehen. Aber immer wieder stellten wir uns die Frage, wie und wohin? Es kam noch hinzu, daß viele, ja eigentlich alle, den Druck und die Repressalien (Maßnahmen, die auf jemanden Druck ausüben. Anm. d. Verf.) der Nationalsozialisten fürchteten, denen wir und unsere Familien ganz zwangsläufig ausgesetzt worden wären. Die Angst um die Familienangehörigen war bei uns am größten, zumal

**Aufruf des Reichsjugendführers Artur Axmann vom 11. 1. 1944:**

# Aufruf

Hitlerjungen!
Seit der Feind unsere Städte und Dörfer mit seinem Terror heimsucht, steht Ihr im Einsatz zum Schutze unserer Heimat. Unsere tapferen Kameraden haben als Luftwaffenhelfer der Hitlerjugend und in den Formationen des Selbstschutzes Leistungen vollbracht, auf die sie stolz sein können.
Heute rufe ich nun alle berufstätigen Hitlerjungen von 15 Jahren an zum freiwilligen Einsatz in der Heimat-Flak auf. Ihr werdet den ersehnten Dienst an der Waffe neben Eurer Arbeit in den Betrieben freudig auf Euch nehmen und damit den Vernichtungswillen des Feindes beantworten durch Eure Tat. Ich bin dessen gewiß, daß die Hitlerjugend antritt, wenn der Ruf an sie ergeht:

FREIWILLIGE VOR!

# Edelweißpiraten

fast alle unsere Väter an irgendeiner Front standen und die Mütter und kleineren Geschwister allein geblieben wären. Außerdem galt unter den Nazis die Sippenhaft, was bedeutete, daß sie Familienangehörige von Gesuchten einsperrten und auch folterten, selbst wenn die nichts wußten und unschuldig waren. …

Am 1. Februar 1944 mußte ich mit den Lehrlingen meines Jahrgangs für vier Wochen zu einer sogenannten vormilitärischen Ausbildung in ein Wehrertüchtigungslager. Das Lager war auf einem ehemaligen Flugplatz, nahe der Burg Vogelsang in der Eifel. Wir wurden im Geländedienst, im Schießen oder in der Motortechnik ausgebildet. Morgens um sechs Uhr hieß es aufstehen, dann Flaggenappell, danach Frühstück. Der Tagesablauf war eintönig und bestand hauptsächlich aus Exerzieren, Marschieren und Drill. Das ganze Ritual war wie beim Militär. Einmal in den vier Wochen mußte ich am Eingangstor des Lagers mit einem Kameraden Nachtwache schieben. Wir hatten Angst und waren froh, wenn nichts passierte, oder zumindest nichts davon mitbekamen.
Wir standen am Lagertor, als ich plötzlich von hinten angefahren wurde: 'Achtung!' Ich drehte mich um und sah hinter mir breitbeinig einen Offizier stehen.
'Ihr könnt wohl nicht vernünftig auf eure Kameraden aufpassen, was? Ich bin hier reingekommen, ohne daß du etwas bemerkt hast. Laufen, los, laufen!'
Ich guckte ihn verdutzt an: 'Laufen, wieso soll ich laufen?' Er trat auf mich zu und sagte drohend: 'Los, lauf so lange, bis ich dich zurückrufe, klar?'
Na gut, dachte ich, das kannst du haben. Ich rannte los, immer geradeaus, über ein Feld. Nach einer Weile hörte ich ihn rufen, 'Zurück'. Du kannst mich mal …, sagte ich leise, und rannte weiter. Bald konnte ich sein Rufen nicht mehr hören, dafür aber den keuchenden Atem meines Kameraden, der mich zurückholen sollte. Gemeinsam trotteten wir gemütlich zum Lager zurück. Ich wußte, daß der Offizier mich nicht vom Wachposten wegschicken durfte, also konnte er mir in diesem Fall nichts anhaben. Und es passierte auch nichts. Langsam gingen die vier Wochen im Wehrertüchtigungslager vorbei." (aus: Fritz Theilen: Edelweißpiraten, Frankfurt / M., 1984, S. 88–92)

**Erziehung und Ausbildung in den Wehrertüchtigungslagern:**
„Die Erziehung und Ausbildung in den WE-Lagern ist darauf ausgerichtet, die Wehrfreudigkeit und Einsatzbereitschaft der zum Wehrdienst heranstehenden Hitlerjungen für den Existenzkampf des deutschen Volkes zu gewährleisten und darüber hinaus die körperliche Leistungsfähigkeit und die technische Vorausbildung für den späteren Wehrdienst sicherzustellen.
…
Wenn das sogenannte 'Schleifen' oder anders ausgedrückt Menschenquälen in der Wehrmacht verboten ist, ist es überhaupt nicht zu verstehen, wenn es nur in einem einzigen Fall in einem Hitlerjugend-WE-Lager vorkommt. Die Wehrfreudigkeit und die Einsatzbereitschaft für den Führer, die der Hitlerjunge als selbstverständliches Ergebnis der jahrelangen Hitler-Jugenderziehung mitbringt, soll im WE-Lager bis zum Höchstmaß gesteigert werden. … gez. Axmann"
(aus: Institut für Zeitgeschichte, München, DB 44.09 Reichsbefehl der Reichsjugendführung der NSDAP 29 / 42 K vom 23. 11. 1942)

**Aufgaben**

1. Warum wehrten sich die Edelweißpiraten gegen die militärische Ausbildung?
2. Welche Ziele verfolgten die Nazis damit, die Hitlerjungen in Wehrertüchtigungslagern auszubilden?
3. Aus welchen Gründen lehnte der Reichsjugendführer Axmann das so genannte „Schleifen" in den Wehrertüchtigungslagern ab?

## Edelweißpiraten

„Der amerikanische Luftangriff auf Köln am 20. April 1944 hatte in Ehrenfeld ein großes Chaos hinterlassen. Überall sah man Trümmer und Obdachlose, die versuchten, sich in den Ruinen häuslich einzurichten. In einer solchen Situation war es für uns nicht schwierig, unterzutauchen. Im Mai 1944 waren wir schon sechs oder sieben Mann in unserem Versteck, in einer Gartenlaube auf dem Taukfeld in Köln-Ehrenfeld. …

Unsere größte Schwierigkeit war die Versorgung mit Lebensmitteln. Denn je mehr sich uns anschlossen, desto weniger bekam der einzelne von den spärlichen Lebensmittelvorräten. Wir hatten alle keine Lebensmittelkarten, und das, was wir bei den nächtlichen Besuchen zu Hause von den Eltern mitbekamen, oder was unsere Freunde uns mitbrachten, reichte nicht aus, um uns alle satt zu machen. Zur Polizei oder zur Bezirksstelle, wo Lebensmittelkarten ausgegeben wurden, konnten wir natürlich nicht gehen. Was sollten wir denen auch sagen? Etwa, wir sind Edelweißpiraten, leben illegal und kämpfen gegen HJ und Gestapo?

Durch Hunger und Diskussion darüber, wie wir uns etwas zu essen beschaffen konnten, kamen wir zwangsläufig auch auf die Situation der Kriegsgefangenen und Zwangsarbeiter zu sprechen. Irgendwie fühlten wir uns verpflichtet, ihnen zu helfen.

Mit Hunger, Not und Elend der sowjetischen Kriegsgefangenen, der ukrainischen und polnischen Zwangsarbeiter wurden wir täglich durch die zahlreichen Gefangenenlager in Köln konfrontiert. Besonders grausam empfanden wir das sogenannte 'Russenlager' in der alten Gas- und Rußfabrik in Köln-Ehrenfeld. Sie waren so hungrig, daß sie, obwohl es ihnen verboten war, jeden um etwas Eßbares anbettelten. Wir wollten ihnen unbedingt helfen. Aber auf legale Weise kamen wir an solche Mengen von Lebensmitteln nicht ran. Schließlich kamen wir auf die Idee, uns die Lebensmittel bei der Reichsbahn zu 'organisieren'. Wir hatten ja am Bahndamm oft genug beobachtet, daß die Reichsbahn große Mengen an Lebensmitteln transportierte. Aber wie an solche Transporte rankommen? …

Wir brauchten also regelrechte Profis …

Schon wenige Tage später begannen wir mit unseren Aktionen. Über Franz hatten wir Kontakte zum Russenlager, wo die Wachmannschaft, fast alles ältere Männer, von uns mit Schnaps und Zigaretten bestochen wurde. Woher unsere 'Profis' ihre Informationen hatten, wann die Waggons in den Ehrenfelder Güterbahnhof einliefen und wo sie abgestellt wurden, weiß ich nicht. An unsere erste 'Zusammenarbeit' mit ihnen kann ich mich jedoch noch gut erinnern. Wir mußten am Bahndamm liegen und auf den obligatorischen (hier im Sinne von „üblichen". Anm. d. Verf.) Fliegeralarm warten. Als es gegen zwei Uhr morgens dann soweit war und die Posten der Bahnpolizei beim Einsetzen des Flakfeuers in die Einmannunterstände abzogen, liefen unsere beiden Männer zu den abgestellten Waggons. Blitzschnell hatten sie die Schiebetür geöffnet und verschwanden dahinter. Wir beobachteten aufgeregt das Gelände des Güterbahnhofs. Kurze Zeit später wurde die Waggontür von innen wieder aufgeschoben, die beiden erschienen und verschwanden mit Paketen beladen in der Dunkelheit. Das war das Signal für uns. Auch wir waren blitzschnell im Waggon. Die Ladung, die wir vorfanden, bestand aus Fleisch und Wurstkonserven, und ohne lange zu überlegen, schleppten wir soviel wir tragen konnten zum Bahndamm runter. Zwei von uns liefen noch einmal zurück, um die Schiebetür zu schließen. Franz rannte zum Russenlager, um nachzusehen, ob die Luft rein war. Dann brachten wir den Kriegsgefangenen unsere Beute. Einen kleinen Teil der Pakete brachten wir auch in unser Versteck.

So wie in dieser Nacht liefen alle unsere gemeinsamen Aktionen ab. Etwas über einen Monat ging alles gut. …

Ende Mai 1944 hatten wir wieder einen Waggon geöffnet und waren am Bahndamm entlanggelaufen, um die Lebensmittel am Lager über den Zaun zu werfen. Das ging alles glatt. Aber als wir auf dem Rückweg gerade eine Mauer überwunden hatten, wurden wir von einer Luftschutzstreife, die unter dem Bahndamm stand, aufgefordert, stehenzubleiben. An Flucht war nicht mehr zu denken.

Der Streifenführer war Leiter eines Polizeireviers in Ehrenfeld und Besitzer einer Gaststätte am Güterbahnhof. Er fragte uns mißtrauisch, woher wir kämen und was wir auf dem Reichsgelände gesucht hätten. Bevor wir antworteten, erkannte er Franz, der ganz in seiner Nähe in der Lichtstraße wohnte. 'Ach du bist es, Franz', sagte er, und als er dann noch sah, daß ich eine HJ-Uniform mit dem Kriegsverdienstkreuz trug, ließ sein Mißtrauen nach. …

'… seid vernünftig Jungs, das ist gefährlich, hier passieren in letzter Zeit merkwürdige Dinge.'

# Edelweißpiraten

Wir guckten uns an, denn natürlich wußte jeder von uns, was er damit gemeint hatte, und wir waren froh, daß die Sache so glimpflich für uns abgelaufen war. … Drei Tage später lagen wir wieder am Bahndamm und warteten auf Fliegeralarm. Wir hatten drei Waggons im Auge, die auf dem Abstellgleis standen. Obwohl wir eigentlich nichts Verdächtiges bemerkten, ließ uns, und besonders unsere Profis, das Gefühl nicht los, daß irgend etwas nicht stimmte. Die Posten der Bahnpolizei drehten zwar wie immer ihre Runden, und als Fliegeralarm und Flakfeuer einsetzten, verschwanden sie auch prompt in ihren Unterständen. Unentschlossen warteten wir noch einen Moment, als wir plötzlich sahen, daß aus einem der drei Waggons Zigarettenqualm aufstieg. Wir bliesen die Aktion sofort ab und verabredeten uns in der Glasfabrik. Nur Franz, der das Gelände wie seine Hosentasche kannte, wollte unbedingt bleiben und herausbekommen, ob die drei Waggons eine Falle waren oder nicht.
'Haut ihr schon mal ab, ich sehe mir die Sache genauer an. Vielleicht krieg ich raus, was die Nazis vorhaben', sagte er.
Er wartete und wartete, nichts passierte. Gegen Ende des Fliegeralarms wollte er es wissen und warf einfach einen Stein gegen den Waggon. Daraufhin wurden die Türen aufgerissen, und Polizei und SD-Männer (Sicherheitsdienst-Männer. Anm. d. Verf.) sprangen heraus und begannen das ganze Gelände am Bahndamm abzusuchen. Franz haute ab und versteckte sich in der alten Rußfabrik, bis die Luft wieder rein war. Als er bei uns ankam, mußten wir trotz aller Aufregung furchtbar lachen, denn Franz war von oben bis unten schwarz wie ein Schornsteinfeger.
Jetzt berichteten wir unseren Profis auch von dem Vorfall mit der Luftschutzstreife. Die beiden waren natürlich verärgert über diesen Leichtsinn und machten uns klar, daß wir keine gemeinsamen Aktionen mehr durchführen konnten. Sie waren auch nicht bereit, uns bei anderen Aktionen zu helfen.
Damit war die Hilfe für die sowjetischen Kriegsgefangenen zunächst einmal zu Ende. Aber auch wenn unsere Hilfe nicht von langer Dauer gewesen war, so hat sie doch mit dazu beigetragen, ihre Not zu lindern. Und unsere Versuche, Lebensmittel zu beschaffen, gingen natürlich weiter. …" (aus: Fritz Theilen: Edelweißpiraten, Frankfurt / M., 1984, S. 122–127)

## Stichwort: Berechtigungsscheine

„Lebensmittel und Textilien wurden während des Zweiten Weltkriegs mit Hilfe von Berechtigungsscheinen behördlich zugeteilt. Sie galten vom 28. August 1939 bis zum 30. April 1950.
Für jede Person eines Haushalts gab es u. a. eine 'Reichsbrot-, Reichsfleisch-, Reichsfett- oder Reichseierkarte.' Im Verlauf des Krieges wurde die Lebensmittelzuteilung immer geringer. 1945 z. B. bekam ein Erwachsener pro Woche 1700 g Brot, 250 g Fleisch, 125 g Fett. Juden bekamen Lebensmittelkarten mit der Aufschrift 'Jude', die Rationen waren geringer und durften nur in besonders bezeichneten Geschäften und zu bestimmten Zeiten eingekauft werden. Außer den Juden erhielt die Bevölkerung in den von deutschen Truppen besetzten Gebieten und die im Deutschen Reich lebenden Fremdarbeiter Lebensmittelzuteilungen, allerdings ebenfalls geringer als die deutsche Bevölkerung." (aus: Fritz Theilen: Edelweißpiraten, Frankfurt / M., 1984, S. 122 / 123)

**INFO:**
Im November 1944 wurden zahlreiche Köln-Ehrenfelder Edelweißpiraten bei einer Aktion gefasst und in das Gestapo-Gefängnis nach Brauweiler gebracht. Dort wurden sie verhört und gefoltert, anschließend in einem offenen LKW nach Ehrenfeld gebracht. An der Ecke Schönsteinstraße und Venloer Straße stand ein Galgen. Die Edelweißpiraten wurden vor den Augen der Öffentlichkeit aufgehängt. Die Leichen haben fast den ganzen Tag am Strick gehangen. Der Jüngste der Hingerichteten war erst 16 Jahre alt. Nach der Vollstreckung verkündeten die Nazis, dass die Hingerichteten alle Verbrecher gewesen seien und dass es jedem so ginge, der sich nicht an die Vorschriften hielte.

**Aufgaben**

1. Stelle die Widerstandsaktionen der Edelweißpiraten stichwortartig dar.
2. Warum – glaubst du – haben diese jungen Leute ihr Leben aufs Spiel gesetzt?
3. Informiere dich über andere Widerstandsgruppen in der Nazizeit.
   Stelle den Widerstand gegen den Nationalsozialismus in einer Übersicht dar.

## Projekt: Zivilcourage

**Vorurteile, Diskriminierung und Rassismus haben im Dritten Reich zur Ermordnung von Millionen Menschen geführt. Auch heute, in unserer Zeit, sind wir Zeuge von Hass und Gewalt gegenüber Menschen.**

# Projekt „Zivilcourage“

Beschäftigt euch in einem besonderen Projekt mit dem Widerstand heute,
mit der Zivilcourage!
Was tun wir, wenn die Menschenrechte in Gefahr sind bzw. missachtet werden,
wenn Menschen diskriminiert, geschlagen, verfolgt werden, nur weil sie eine andere
Hautfarbe haben, einem anderen Glauben angehören, einen anderen Pass haben?

Gerade seit den Neunziger Jahren gibt es bei uns in der Bundesrepublik
viele fremdenfeindliche Aktivitäten. Asylbewerberheime und Häuser von
ausländischen Mitbürgern brennen, Menschen werden auf der Straße angegriffen
und verprügelt, selbst vor Morden schrecken einige nicht zurück.
Neonazis und Rechtsradikale zeigen mehr oder weniger offen ihre Gesinnung.
Und wir schweigen dazu!

Unser Banknachbar aus der Schule wird auf dem Pausenhof
von drei Mitschülern angegriffen, zu Boden geworfen und verprügelt.
Wir stehen dabei, greifen nicht ein, zeigen keine Zivilcourage!
Ein Schüler aus der Klasse wird offensichtlich vom Lehrer ungerecht beurteilt.
Du schweigst, die Klasse schweigt, aus Angst, selber schlecht beurteilt zu werden …
Oder weil man denkt: Was geht mich das an? Hauptsache, ich komme klar! …

---

Schreibt Reportagen • befragt eure Mitschüler, Eltern, die Bürger eurer Stadt • gestaltet eine Wandzeitung, Klassenzeitung, Schülerzeitung • schreibt ein Theaterstück und führt es vor • dreht einen Videofilm • veranstaltet ein Schulfest zum Thema • sprecht mit Politikern, Geistlichen, Polizisten … usw.

# Überprüfe dein Wissen!

1. Wann erfolgte die Machtergreifung Hitlers? ______
2. Von wann bis wann regierten Hitler und die Nazis in Deutschland? ______
3. Nenne die drei wichtigsten Punkte der nationalsozialistischen Weltanschauung?
4. Nenne mindestens drei „Stationen“ der Judenverfolgung!
5. Was wurde in den „Nürnberger Gesetzen“ geregelt?
6. Was geschah in der Reichspogromnacht?
7. Was war der Reichsarbeitsdienst?
8. Beschreibe das menschenverachtende System der Konzentrationslager!
9. Was versteht man unter „Euthanasie“?
10. Welche Form des Widerstandes leisteten die Edelweißpiraten?

Die Antworten sind aus dem bearbeiteten Material dieses Lernheftes zu entnehmen!

BVK LA21 • Hans-Jürgen van der Gieth: „Leben und Alltag im ... Dritten Reich“

# Materialien aus dem Buch Verlag Kempen

## Die Lernzirkel - Reihe

***Projektbaustein Ernährung und Bewegung***
Hermann-Josef Müller
Für die Klassen 5–8 aller Schulformen!
48 Seiten • € 12,40
Best.-Nr.: PA05
ISBN 3-932519-14-0

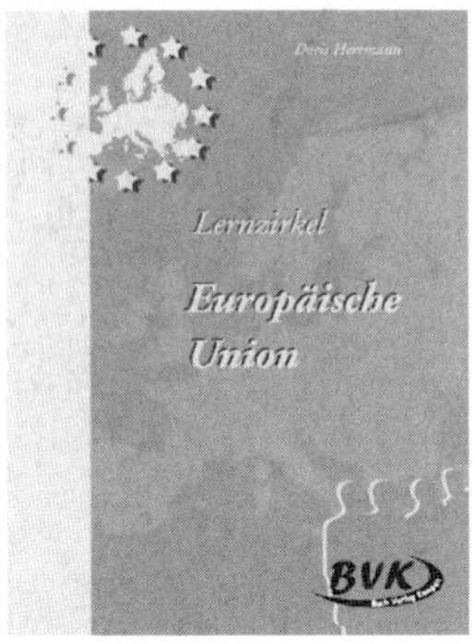


***Europäische Union***
Doris Hermann
Für die Klassen 7–10 aller Schulformen!
48 Seiten • € 12,40
Best.-Nr.: LZ08
ISBN 3-932519-70-1

***Katzen***
Susanne Köser
Für die Klassen 5–6 sowie 4. Kl. GS!
48 Seiten • €12,40
Best.-Nr.: LZ14
ISBN 3-932519-57-4

***Indien***
Martin Geisz
Für die Klassen 7–11 aller Schulformen!
48 Seiten • € 12,40
Best.-Nr.: LZ04
ISBN 3-932519-41-8

***Lateinamerika***
Martin Geisz
Für die Klassen 7–11 aller Schulformen!
48 Seiten • €12,40
Best.-Nr.: LZ03
ISBN 3-932519-40-X

***Afrika***
Martin Geisz
Für die Klassen 7–11 aller Schulformen!
80 Seiten • € 17,90
Best.-Nr.: LZ02
ISBN 3-932519-09-4

***In zehn Mausklicks um die Erde***
Martin Geisz
Für die Klassen 7–13 aller Schulformen!
48 Seiten • € 12,40
Best.-Nr.: LZ07
ISBN 3-932519-10-8

***Bundesrepublik***
Hans-Jürgen und Hildegard van der Gieth
Für die Klassen 7–11 aller Schulformen!
108 Seiten • € 17,90
Best.-Nr.: LZ05
ISBN 3-932519-26-4

***Kinderwelten***
Hans-Jürgen van der Gieth / Anja Gröting
für die Klassen 4–7!
48 Seiten • € 12,40
Best.-Nr.: LZ12
ISBN 3-932519-43-4

***Der Zauberlehrling***
Monika Böttges
Für die 3.–6. Klasse, Sonderschule und OS!
48 Seiten • € 12,40
Best.-Nr.: LZ01
ISBN 3-932519-11-6

BVK Buch Verlag Kempen